Ursula Summm

Trennkost

vegetarisch

Deine Nahrungsmittel sind Deine Heilmittel.

Hippokrates

Ursula Summ

Trennkost

vegetarisch

Bassermann

Hinweise zu den Rezepten

- Alle Rezepte, die ich in diesem Buch für Sie zusammengestellt habe, sind leicht nachvollziehbar. Sie sollen Ihnen beispielhaft zeigen, wie man Nahrungsmittel aus der Eiweiß- und aus der Kohlenhydratgruppe jeweils mit neutralen Nahrungsmitteln kombinieren kann.

- Damit Ihnen die Zuordnung der Rezepte in die drei Gruppen leichter fällt, sind die Rezeptnamen verschiedenfarbig ausgezeichnet:
  blau = Eiweißgericht
  grau = neutrales Gericht
  rot = Kohlenhydratgericht

- Die Angaben zu Kilokalorien (kcal) und Kilojoule (kJ) beziehen sich immer auf 1 Portion bzw. 1 Stück.

- Die Zutatenmengen beziehen sich in der Regel auf die ungeputzte Rohware.

- Die Zubereitungszeit in den Rezepten beinhaltet sowohl die Vorbereitungszeit (waschen, putzen, klein schneiden) als auch die Gar- oder Backzeit. Es handelt sich dabei um Durchschnittswerte. Besondere Zeiten, wie Quellzeit, Zeit zum Gehen oder zum Kühlen, sind extra ausgewiesen. Mithilfe dieser Angaben können Sie schnell erkennen, wie viel Zeit Sie für die Gesamtzubereitung einplanen müssen.

- Einige der in den Rezepten verwendeten Zutaten sind fast ausschließlich im Reformhaus oder im Naturkostladen erhältlich. Obstdicksaft ist ein schonend eingedampfter Fruchtsaft. Er schmeckt sehr mild, weil ihm Fruchtsäuren entzogen wurden.

- Zum Salzen empfehle ich Meersalz, das lebensnotwendige Vitamine und Mineralstoffe enthält, z. B. Jod. Auch Kräutersalz (sein Kochsalzgehalt liegt bei etwa 84 %) ist gut zum Abschmecken geeignet.

- Vegetarische Gemüsebrühe als Streuwürze (Instantpulver) wird nur aus pflanzlichen Zutaten hergestellt und ist daher cholesterinfrei. Außerdem enthält sie keine gehärteten Fette.

- In der Trennkost spielen die Auswahl und der richtige Gebrauch von Ölen und Fetten eine wichtige Rolle. Empfehlenswert sind naturbelassene, kalt gepresste, unraffinierte Öle, die viel wertvolle mehrfach ungesättigte Fettsäuren enthalten. Oliven-, Sonnenblumen-, Distel-, Weizenkeim-, Leinsamen- und Maiskeimöl sind in dieser Qualität erhältlich. Butter und ungehärtete Pflanzenfette, z. B. Reformhausmargarine, sind ebenfalls empfehlenswert. Da Fette aber viele Kalorien enthalten, sollten Sie sie nur in kleinen Mengen verwenden. Man darf sie nie stark bräunen oder sogar überhitzen.

- Zu den Backofentemperaturen: Bei einem Umluftherd reduzieren Sie die Angaben in den Rezepten um 20 °C!
  Für Gasherde gilt:
  150 °C – Gas Stufe 1
  170 °C – Gas Stufe 2
  180 °C – Gas Stufe 2–3
  200 °C – Gas Stufe 3

Verzeichnis der Abkürzungen

TL	= Teelöffel (gestrichen)
EL	= Esslöffel (gestrichen)
g	= Gramm (1000 g = 1 kg)
kg	= Kilogramm
ml	= Milliliter (1000 ml = 1 l)
l	= Liter
Msp.	= Messerspitze
P	= Päckchen
Std.	= Stunde(n)
Min.	= Minuten
kcal	= Kilokalorien (1 kcal = 4,2 kj)
kJ	= Kilojoule
Fett i. Tr.	= Fett in der Trockenmasse
TK-...	= Tiefkühl-...
°C	= Grad Celsius

Inhalt

Rezepte

Wissenswertes

Liebe Leserin, lieber Leser,

Trennkost auf vegetarische Art – mit dieser Kombination verspreche ich Ihnen jede Menge Genuss und Vitalität. Für all diejenigen, die entweder grundsätzlich oder auch nur hin und wieder zwar auf Fleisch aber nicht auf das bewährte Prinzip der Trennkost verzichten möchten, biete ich hier in diesem Buch jede Menge Rezeptideen. Denn noch nie war der Trend zur fleischlosen Ernährung so groß wie gerade jetzt. Kein Wunder – die Schreckensmeldungen der Fleischindustrie haben vielen die Lust auf Fleisch genommen. Da liegt es nahe, mal ganz auf Fleisch zu verzichten und sich der vegetarischen Küche hinzuwenden, die jede Menge leckere Speisen zu bieten hat.

Wenn Sie bereits „eingefleischter“ Trennköstler sind, so haben Sie wahrscheinlich schon gemerkt, wie einfach es ist, auf das berühmte große Stück Fleisch auf dem Teller zu verzichten. Denn in der Trennkost wird ohnehin ein mäßiger Genuss von Fleisch- und Wurstwaren empfohlen. Fleisch zählt zu den säurebildenden Nahrungsmitteln, welche bei übermäßigem Verzehr zu einer Übersäuerung des Körpers führen können.

Nehmen Sie sich darum einmal einfach die Zeit und schauen Sie sich die Vielfalt der gebotenen Rezepte an. Da fällt einem ein Verzicht auf Fleisch, sofern es überhaupt einer für Sie sein sollte, nicht schwer. Schnell werden Sie bemerken, dass Ihnen die vegetarische Trennkost viel Kraft und Vitalität schenkt. Und nebenbei nehmen Sie noch das eine oder andere Kilo dabei ab. Ein weiterer wichtiger Faktor ist: Essen soll unsere Lebenslust und unser Wohlbefinden erhöhen. Und Essen muss auch schmecken, nur dann kann es gesund sein. Mit den folgenden Rezepten möchte ich Ihnen schmackhafte Anregungen zum genussreichen vegetarischen Essen geben.

Ich wünsche Ihnen viel Spaß beim Entdecken dieser Köstlichkeiten.
Herzlichst, Ihre

Was ist Trennkost?

Trennkost essen fühlt sich gut an

Trennkost ist eine seit vielen Jahren beliebte Ernährungsform, die viele erfolgreich zur Gewichtsabnahme einsetzen. Im eigentlichen Sinne ist Trennkost jedoch keine Diät, sondern eine Ernährungsumstellung, die jeder sein ganzes Leben lang beibehalten kann, ohne dass Mangelerscheinungen auftreten. Sie geht zurück auf den amerikanischen Arzt Dr. Howard Hay, der durch die Trennkost von einem schweren Nierenleiden geheilt werden konnte.

Obwohl die Trennkost inzwischen zu einem bekannten Begriff geworden ist, wissen trotzdem noch sehr viele Menschen nicht, wie sie funktioniert. Dabei ist alles ganz einfach. Das Hauptmerkmal dieser Kost ist die Trennung zwischen Eiweiß und Kohlenhydraten.

Sinn und Zweck dieser Trennung ist es, Ordnung in den Verdauungsprozess zu bringen. Denn Eiweiße werden in einem sauren und Kohlenhydrate in einem basischen Milieu vorverdaut. Werden während einer Mahlzeit nun gleichzeitig reichlich Eiweiße und Kohlenhydrate zusammen gegessen, dann kann es zu einer verzögerten Verdauung kommen. Liegen unvollständig verdaute Nahrungsbestandteile zu lange im Darm, kommt es durch Wärme und Feuchtigkeit zu Gärung und Fäulnis. Dies verursacht nicht nur einen Blähbauch, sondern belastet auch die Leber.

Aus diesem Grund ordnete Dr. Hay die Nahrungsmittel und teilte sie in drei verschiedene Gruppen ein. In eiweißhaltige, in kohlenhydrathaltige und in neutrale Nahrungsmittel. Unter „neutral“ stufte er solche Nahrungsmittel ein, die weder die Eiweißverdauung noch die Kohlenhydratverdauung beeinträchtigen. Zu den Neutralen zählte er pflanzliche Eiweiße, Fette und Öle, gesäuerte Milchprodukte, Salat, Rohkost und Gemüse.

Auf dem Trennungsplan auf den Seiten 10 bis 13 finden Sie die genaue Aufteilung.

Das Säuren-Basen-Gleichgewicht

Dr. Howard Hay legte bei der Trennkost auch sehr großen Wert auf die Natürlichkeit der Speisen und auf die Beachtung des Säuren-Basen-Gleichgewichts. Dementsprechend empfahl er, dass die täglichen Mahlzeiten zu einem Großteil aus pflanzlichen Lebensmitteln (Basenbildner) bestehen sollten. Werden zu wenig Gemüse – vor allem als Rohkost –, Salat und Obst gegessen, kann es zu einem Mangel an wertvollen Vitaminen, Mineral- und Ballaststoffen kommen. Das Körpergewebe wird sauer und muss zum Ausgleich im Verdauungsprozess auf eigene Mineralstoffdepots zurückgreifen. Dies bedeutet: Knochen, Knorpel und Muskulatur bauen sich ab – der Körper entmineralisiert.

Erste Anzeichen einer Übersäuerung können sich durch Sodbrennen, Verspannungen der Muskulatur, Schmerzen in den Gelenken, Bandscheibenbeschwerden, Herz- und Kreislaufstörungen bemerkbar machen. Zu den ernsten Säurekrankheiten Nr. 1 zählen Herzinfarkt, Schlaganfall und Krebs.

Mit Basen die Übersäuerung verhindern

Diese schleichende Selbstvergiftung kann durch einen vernünftigen Lebenswandel, eine positive Einstellung und gesunde Ernährung verhindert bzw. aufgehalten werden. Dabei behilflich sind die Basen, chemisch gesehen das Gegenteil der Säuren. Diese basischen Stoffe befinden sich in Gemüse, Obst und Salat, Kartoffeln, wertvollen Ölen und Keimlingen. Es handelt sich hierbei um Mineralien, Vitamine und Spurenelemente, die fähig sind, einen Überschuss an Säuren zu neutralisieren und aus dem Körper auszuscheiden.

Empfehlenswerte Essenspausen

Essen Sie drei- bis fünfmal am Tag. Dies ist wichtig, um nicht in eine Phase der Unterzuckerung zu kommen. Denn dabei drohen Heißhungerattacken und unkontrolliertes Essen.

Folgende Zeitabstände wirken sich günstig auf Ihr Wohlbefinden aus:

Mahlzeit	Uhrzeit	Essenspause nach der Mahlzeit
Frühstück	zwischen 6:00 und 8:00	2–3 Stunden
1. Zwischenmahlzeit	zwischen 9:30 und 11:00	1–2 Stunden
Mittagessen	zwischen 12:30 und 13:30	3–4 Stunden
2. Zwischenmahlzeit	zwischen 16:00 und 17:30	2–3 Stunden
Abendessen	zwischen 19:00 und 20:30	11–13 Stunden

Trennkost – richtig kombinieren

Die folgende Aufstellung zeigt Ihnen, welche Nahrungsmittelgruppen gemeinsam eingenommen werden können.

Kombinieren Sie Lebensmittel aus der Kohlenhydratgruppe mit Lebensmitteln aus der neutralen Gruppe. Auch die Lebensmittel aus der Eiweißgruppe können Sie mit denen aus der neutralen Gruppe kombinieren. Nicht gemeinsam verzehren sollten Sie Lebensmittel aus der Eiweißgruppe mit denen aus der Kohlenhydratgruppe.

Empfehlenswert: Eiweißgruppe + neutrale Gruppe

Empfehlenswert: Kohlenhydratgruppe + neutrale Gruppe

Nicht empfehlenswert: ~~Kohlenhydratgruppe + Eiweißgruppe~~

Das Missverständnis um die neutralen Lebensmittel

Da es in der Vergangenheit Missverständnisse gab, was den Verzehr der neutralen Nahrungsmittel angeht, war es notwendig, den Trennungsplan besser zu erklären. Das Wort „neutral“ verleiht diesen Lebensmitteln eine gewisse Unbedenklichkeit und viele glauben, hier ordentlich zugreifen zu können. Dabei bedeutet „neutral“ nicht kalorienarm, sondern lediglich, dass diese Zutaten sowohl mit eiweißreicher als auch mit kohlenhydratreicher Nahrung verzehrt werden dürfen.

Zu häufig wurde bei verschiedenen neutralen Produkten wie Sahne, Vollfettkäse, rohem Schinken, Räucherlachs oder klaren Schnäpsen übermäßig zugegriffen. Diese Lebensmittel dienen aber nur der Bereicherung und geschmacklichen Verfeinerung der Mahlzeiten und sollten daher nur in kleinen Mengen auf dem Speiseplan stehen. Darum wurden die Lebensmittel der neutralen Gruppe unterteilt in zwei Gruppen:

Gruppe 1: diese Lebensmittel nur sparsam verwenden
Gruppe 2: diese Lebensmittel können ohne Begrenzung verzehrt werden

Die Aufteilung der neutralen Kost in zwei Untergruppen hat ihren Grund nicht nur in der höheren Kalorienzahl, sondern vor allem im Fett- und Salzgehalt bestimmter Nahrungsmittel. Ein Beispiel: Sie essen zwei Scheiben Vollkornbrot, gut belegt mit Butter und fettreichem Käse. Die Butter und der Käse zählen beide zur neutralen Kost. Diese kleine Mahlzeit ist, abgesehen von den Kalorien, gehaltvoller als mancher glaubt. Denn sie enthält den gesamten Tagesbedarf an Salz, wodurch vermehrt Wasser im Körper gebunden wird. Richtiger wäre es daher, Butter und Käse zu reduzieren und zusätzlich vorab einen großen Teller der ebenfalls neutralen Lebensmittel Salat oder Gemüse zu essen.

Der große Trennungsplan

Überwiegend eiweißhaltige Lebensmittel

Eiweißhaltige Speisen nur mit neutralen Lebensmitteln (aus Gruppe 1 und 2) verbinden.

Gegarte Fleischsorten aller Art,
jedoch Schweinefleisch bitte meiden
Bratenfleisch, Steaks, Rouladen, Schnitzel, Gulasch, Hackfleisch vom Rind, Kalb, Lamm, Geflügel, Gans, Ente, Wild, Fleischfond

Gegarte Fischsorten und Krustentiere
Brasse, Flunder, Forelle, Hering, Heilbutt, Kabeljau, Krebs, Lachs, Langusten, Rotbarsch, Scholle, Seelachs, Seeteufel, Steckmuscheln, Thunfisch, Tintenfisch unpaniert, Fischfond

Eier
Eier in jeder Form und Zubereitungsart: gefüllte und gekochte Eier, Omelette, pochierte Eier, Rühr- und Spiegeleier

Milch
Alle Trinkmilchsorten, egal welche Fettstufe

Käse
Alle erhitzten Käsesorten wie z. B. Allgäuer Bergkäse, Bel Paese, Biarom, Bierkäse, Blue Stilton, Bonbel, Burlander, Butterkäse, Cantadou, Cantal, Cheddar, Chester, Chorherrenkäse, Danbo, Donautaler, Edamer, Esrom, Fol Epi, Fontal, Gorgonzola, Gouda, Grünländer, Harvarti, Höhlenkäse, Illertaler, Jausenkäse, Maasdamer, Mondseer, Moosbacher, Münsterkäse, Old Amsterdamm, Original Sennkäse, Paladin, Pecorino, Pikantje von Gouda, Rottaler, Salzburger Bauernkäse, Steppenkäse, Tilsiter, Trappistenkäse

Getränke
Obstsäfte, Apfelwein, herber Weiß-, Rot- und Roséwein, trockener Sekt

Obst
Einheimische Sorten: Äpfel, frisch und saftig, Aprikosen, Birnen, Brombeeren, Erdbeeren, Himbeeren, Johannisbeeren, Kirschen, Mirabellen, Nektarinen, Pfirsiche, Pflaumen, Quitten, Reineclauden, Rhabarber, Sauerkirschen, Stachelbeeren, Weintrauben
Zitrusfrüchte und exotische Obstsorten: Ananas, Granatäpfel, Grapefruits, Kakis, Kiwis, Kumquats, Limetten, Litschis, Mandarinen, Mangos, Orangen, Papayas, Passionsfrüchte, Zitronen

Sonstiges
Gekochte Tomaten, Essig, Balsamico- und Himbeeressig

Neutrale Lebensmittel

Die Neutralen sind in 2 Gruppen unterteilt – nach Säure bildender und Basen bildender Kost.

Neutrale Lebensmittel, Gruppe Teil 1 (Säurebildner)
Die Lebensmittel aus Teil 1 nicht zu üppig verwenden.

Fette

Kalt gepresste Öle, Butter, ungehärtete Margarine und Plattenfette

Gesäuerte Milchprodukte

Joghurt, Buttermilch, Dickmilch, Kefir, Quark, saure Sahne, süße Sahne, Crème fraîche, Kaffeesahne

Sojaprodukte

Sojamilch, -creme, -sahne, Sojafleisch, Tofu

Tofu, Soja und Sojamilch zählten bisher zu den Eiweißen, aber nach den neuesten Erkenntnissen gehören sie in die Gruppe der Neutralen. Durch die Gerinnung haben diese bereits ihre erste Verstoffwechslung hinter sich und stören somit nicht den Verdauungsablauf.

Käse

Alle Käsesorten, die aus naturbelassener roher Milch geschöpft und hergestellt werden, sind durch Milchsäurebakterien gesäuert, damit leichter verdaulich und zählen zu den Neutralen. Bei pasteurisierten Käsesorten fehlt oftmals die natürliche Säuerung. Dadurch sind diese etwas schwerer verdaulich und zählen zu den Eiweißen.

Hartkäse: Beaufort, Caciocavallo, Comté, Fiore Sardo, Grana Padano, Greyerzer, Grüntener, Idiazàbal, Jurassic, Kefalotyri, Manchego, Montasio, Original Parmesan, Provolone, Sbrinz Switzerland, Urtaler.
Diese Sorten eignen sich frisch gerieben gut zu Nudelgerichten.
Schnittkäse: Allgäuer Emmentaler, Appenzeller, Asiago Pressato, Fontina, Halloumi, Majorero, Morbier, Pyrenäenkäse, Schweizer Raclette, Rahmgouda, Reblochon de Savoie, Salers, Thurgauer, Tomme de Savoie, Wörishofener.
Diese Sorten eignen sich gut als Brotbelag und zum Überbacken.
Weichkäse: Amalthée, Banon Chèvre, Brie de Meaux, Brocciu, Cabrales, Camembert, Chaource, Coulommiers, Epoisses, Feta, Fromage Hansi, Liptauer, Mont d'or, Munster Géromé, Pouligny Saint-Pierre, Roquefort, Sant Albray, Ziegenmünster.
Diese Sorten eignen sich gut als Brotbelag.
Sauermilch- und Frischkäse: Bresso (egal welche Fettstufe), Frischkäse, Handkäse, Harzer Roller, Hüttenkäse, Korbkäse, Mainzer, Mascarpone, Mozzarella, Olmützer Quargel, Picandou Fermier, Ricotta, Robiola Osella, Schafskäse, Tiroler Graukäse, Ziegenkäse.
Diese Sorten eignen sich gut als Brotbelag, teils zu Pellkartoffeln, teils auch zum Überbacken.

Rohe luftgetrocknete oder roh geräucherte Wurstwaren

Bündner Fleisch, Salami, Debrecziner, Lachsschinken, roher Schinken

Neutrale Lebensmittel

Rohes Fleisch
Tatar: Rohes Fleisch nur ganz frisch verwenden und nicht zu häufig verzehren.

Fisch
Roh, mariniert: Bismarckhering, Lachs gebeizt, Matjeshering, Sardellen
Geräuchert: Aal, Bückling, Forelle, Heilbutt, Lachs, Makrele, Schillerlocken

Nüsse und Samen
Haselnüsse, Kokosnuss, Leinsamen, Mandeln, Mohn, Sesam, Sonnenblumenkerne, Walnüsse. Erdnüsse meiden, sie sind schwer verdaulich.

Essig und Essigersatz
Vergorenes Molkekonzentrat (Molkosan), Obstessig, Brottrunk, Feigen-Balsamico und sehr alte Balsamico-Essige

> Feigen-Balsamico oder sehr alte Balsamico-Essige haben aufgrund ihrer langen Lagerung ihre übermäßige Säure verloren und zeigen nun eine basische Reaktion. Darum können sie, ebenso wie der Obstessig, gut zusammen mit Kohlenhydraten genossen werden.

Klare hochprozentige Spirituosen
Korn, Wacholder, klarer Obstbrand

Sonstiges
Rosinen, Oliven, Eigelb, Hefe, frische Kokosmilch, Gemüsebrühe

Neutrale Lebensmittel, Gruppe Teil 2 (Basenbildner)
Neutrale Lebensmittel aus Teil 2 können ohne Mengenbegrenzung verzehrt werden.

Gemüse
Auberginen, Artischocken, Avocados, Brokkoli, Blumenkohl, grüne Bohnen, Chicorée, Chinakohl, grüne Erbsen, Fenchel, Grünkohl, Gurken, Knoblauch, Knollensellerie, Kohlrabi, Kürbis, Lauch, Mais frisch, Mangold, Melonen, Möhren, Okra, Palmherzen, Paprikaschoten, Peperoni, Radieschen, Rettich, rote Beten, Rosenkohl, Rotkohl, Sauerkraut, Schwarzwurzeln, Spargel, Spinat, Spitzkohl, Staudensellerie, rohe Tomaten, Topinambur, Weißkohl, Wirsing, Zucchini, Zwiebeln

Blattsalate
Bataviasalat, Eichblattsalat, Eisbergsalat, Endiviensalat, Feldsalat, Friséesalat, Kopfsalat, Lollo biondo, Lollo rosso, Radicchio, Rauke/Rucola, Römischer Salat

Pilze
Austernpilze, Champignons, Egerlinge, Morcheln, Pfifferlinge, Shiitake-Pilze, Steinpilze oder andere Waldpilze, Trüffeln

Sprossen und Keime
Alfalfasprossen, Mungobohnensprossen, Radieschensprossen oder andere Keimlinge

Geliermittel
Agar-Agar, Biobin, Gelatine (tierisches Produkt)

Sonstiges
Kräuter, Gewürze (Meerrettich, Pfeffer, Senf, Zitrusschale), Kräutertees, Malzkaffee, Naturmolke, Heidelbeeren, Stevia

Überwiegend kohlenhydrathaltige Lebensmittel

Kohlenhydrathaltige Speisen nur mit neutralen Lebensmitteln (aus Gruppe 1 und 2) verbinden.

Vollkorngetreide und Vollkornerzeugnisse

Amaranth, Buchweizen, Bulgur, Dinkel, Gerste, Grünkern, Hafer, Hirse, Quinoa, Roggen, Weizen, Getreideflocken, Vollkornbrot, Vollkornbrötchen, Kuchen und Gebäck aus Vollkornmehl, Vollkornnudeln, Hartweizennudeln ohne Ei, Naturreis, Parboiled Reis

Obst

Abgelagerte Äpfel, Bananen, frische Datteln, frische Feigen, ungeschwefeltes Trockenobst

Süßungsmittel

Agavendicksaft, Ahornsirup, Birnen- und Apfeldicksaft, Fruchtzucker, Frutilose, Honig.
Diese Süßungsmittel dürfen alle in kleinen Mengen auch zum Abschmecken von Eiweißgerichten verwendet werden.

Sonstiges

Bier, Kartoffelstärke, getrocknete Pilze, getrocknete Tomaten

Diese Nahrungsmittel bitte meiden

Fertiggerichte und Konserven: Kleine Abweichungen sind erlaubt. So sind z. B. Tomaten aus der Dose erheblich gesünder als Wintertomaten aus dem Treibhaus. Dosentomaten werden in der Hauptsaison vollreif verarbeitet. Dadurch enthalten sie erheblich mehr vom gesunden roten Farbstoff „Lycopin“. Dieser Stoff gehört zur Gruppe der Carotinoide und ist bekannt für seine zellschützende Wirkung. Frische Tomaten enthalten 5,8 mg Lycopin pro 100 g; Konserventomaten satte 14 mg/100 g. In konzentriertem Tomatenmark stecken sogar 42 mg auf 100 g. Auch Mineralstoffe wie Magnesium, Kalium und Calcium sind in Dosentomaten noch erhalten, doch das Vitamin C und die B-Vitamine bleiben beim Konservieren leider auf der Strecke.
Polierten Reis und **weißes Mehl** und die daraus hergestellten Produkte, z. B. süße und pikante Backwaren sowie helle Nudeln.
Vollkornnudeln sind nicht jedermanns Geschmack. Die Alternative dazu: Hartweizennudeln ohne Ei
Zucker, Süßstoffe und daraus hergestellte Produkte, z. B. Süßwaren, Marmeladen und Gelees
Schweinefleisch und Schweinefleischerzeugnisse wie Wurst und Schinken
Gehärtete Fette, z. B. normale Margarine, feste, weiße Frittier- und Bratfette (Plattenfette)
Bohnenkaffee, schwarzen Tee und Kakao in großen Mengen
Hochprozentige **Spirituosen**

Trennkost in der Praxis

Im folgenden Kapitel erkläre ich Ihnen, wie einfach die Trennkost im täglichen Leben aussehen kann.

Umstellen auf Trennkost: der Umschalttag

Bevor Sie Ihre Ernährung auf Trennkost umstellen, sollten Sie einen Umschalttag einlegen. Dieser dient der Anregung des Stoffwechsels und auch der Entgiftung. Trinken Sie an diesem Tag besonders viel. Geeignet sind dafür natriumarmes stilles Mineralwasser sowie Tee (Früchte- und Kräutertee). Nachfolgend finden Sie drei verschiedene Vorschläge für den Umschalttag. Wählen Sie nach Belieben aus. Übrigens, bei allen Beispielen (außer beim Obsttag) können Sie morgens noch eine Kleinigkeit frühstücken.

Gemüse-Salat-Tag: Essen Sie an diesem Tag Salat und/oder Gemüse der Saison in roher oder leicht gedünsteter Form. Die Menge dieser Lebensmittel richtet sich dabei ganz nach Ihrem persönlichen Appetit. Nach Belieben können Sie zum Würzen etwas Kräutersalz und zum Dünsten etwas Öl verwenden.

Obsttag: Bis zum Nachmittag können Sie an diesem Tag frische Früchte der Saison aus der Eiweißgruppe essen. Die Menge richtet sich auch hier nach Ihrem Appetit. Ab 17:00 Uhr stehen dann noch 2 mittelgroße Bananen oder 2 mittelgroße Pellkartoffeln auf Ihrem Speiseplan.

Kartoffelgemüsesuppen-Tag: An diesem Tag gibt es eine Suppe aus drei Kartoffeln, einer Zwiebel, einer großen Stange Lauch, einem Stück Knollensellerie und drei Möhren. Das exakte Gewicht spielt hier keine Rolle. Und so wird die Suppe zubereitet: Putzen Sie das Gemüse, waschen und zerkleinern Sie es. Dann geben Sie es in einen großen Topf, füllen mit Wasser auf und fügen nach Belieben frische, gehackte Kräuter und Gewürze (z. B. Petersilie, Majoran, Liebstöckel, Kümmel und Knoblauch) hinzu. Anschließend wird alles zugedeckt bei mittlerer Temperatur gegart, bis das Gemüse weich ist. Zum Schluss können Sie die Suppe mit etwas Gemüsebrühe abschmecken. Die Suppe dann über den Tag verteilt essen.

Clever einkaufen

Um Zeit und Mühe zu sparen legen Sie Ihren Einkaufszettel geschickt an, damit Sie nur einmal in der Woche einen Großeinkauf tätigen müssen und nur alle 2 bis 3 Tage die weniger haltbaren Lebensmittel schnell besorgen können. Es ist sinnvoll immer einen kleinen Basisvorrat in Form von Kartoffeln, Reis, Nudeln, Brot, Eier, Butter, Öl und Joghurt im Haus zu haben. Tomaten, Gurken, Möhren, Weißkohl und Eisbergsalat sind ebenfalls einige Tage haltbar und eignen sich gut für eine kurze Lagerung. Wenn Sie es dann einmal eilig haben, können Sie sich aus Ihrem Bestand schnell eine kleine Mahlzeit zaubern.

Zum Glück sind bei der Trennkost keine Spezialgeschäfte notwendig, sodass Sie Ihren Einkauf ganz normal im Supermarkt tätigen können ohne den Geldbeutel mehr als normal strapazieren zu müssen.

Hinweise zum Wochenplan

Nachfolgend finden Sie einen Wochenplan mit Vorschlägen für abwechslungsreiche Mahlzeiten für eine ganze Woche. Selbstverständlich müssen Sie sich nicht an diese Vorgaben halten, sondern können alle Frühstücke, Snacks und Hauptmahlzeiten untereinander tauschen. Auch können Sie eine Mahlzeit durch eine andere ersetzen. Zudem besteht ja auch die Möglichkeit Mahlzeiten doppelt zuzubereiten, um diese am nächsten Tag einfach schnell aufzuwärmen.

Verschieden Rezepte, wie z. B. „Warmer Ziegenkäse auf Gemüsesalat" oder „Salat mit warmen Pfifferlingen und Petersilienschmand" sind neutral und können nach Belieben mit Eiern, Käse oder auch mit Brötchen, Nudeln oder Kartoffeln zusammen gegessen werden. Die Rezepte verändern sich dadurch lediglich in eiweißreiche bzw. in kohlenhydratreiche Mahlzeiten. Ihrer Fantasie sind hier keine Grenzen gesetzt.

Für Familienmitglieder, die sich nicht der vegetarischen Trennkost anschließen möchten, brauchen Sie nicht extra zu kochen. Ergänzen Sie die Kohlenhydratgerichte einfach mit Fleisch oder Fisch und die Eiweißgerichte mit Kartoffeln, Reis oder Nudeln.

Wochenplan	Frühstück*	1. Zwischenmahlzeit*
Montag	Bananenbrot (S.23) oder 150 g Naturjoghurt gemischt mit 100 g Himbeeren (TK) und 1 TL Honig	1 große Orange oder andere Früchte der Saison
Dienstag	Früchte in beliebiger Menge, nach Saison oder Mehrkornbrötchen mit Sesamquark (S. 25)	1 Joghurt, natur (150 g) gemischt mit 1 TL Honig und Zimt oder 2 Möhren
Mittwoch	Hüttenkäse mit Apfel (S. 23) oder Himbeer-Joghurt-Shake (S.27)	1 großes Stück Wassermelone oder 3 getrocknete Feigen
Donnerstag	Apfel-Zimt-Müsli mit Joghurt (S. 26) oder Früchte nach Saison in beliebiger Menge	1 Banane mit 1 TL Honig und 200 ml Sojamilch pürieren oder 1 Fleischtomate
Freitag	Hüttenkäse mit Apfel (S. 23) oder Honigtoast (S. 25)	250 g Buttermilch oder 2 Kiwis
Samstag	Kerniger Beerenkefir (S. 24) oder 2 EL Haferflocken mit 1 EL gehackten Mandeln, 1 EL Rosinen, 1 TL Honig und 150 ml Sojamilch mischen	1 große Grapefruit oder andere Früchte der Saison
Sonntag	Pochiertes Ei mit Tomatenquark (S. 77) oder Käse-Salat-Brot (S. 79)	1 Mango-Orangen-Drink (S. 27) oder 125 g Quark (20 % Fett) gemischt mit 100 g Erdbeeren (TK) und 1 TL Honig

* Mengen gelten für 1 Person

Mittagessen	2. Zwischenmahlzeit *	Abendessen
Gebratene Nudeln mit Feldsalat (S. 60) oder Warmer Ziegenkäse auf Gemüsesalat (S. 37), dazu pro Person 1 Tasse gekochten Vollkornreis	15 Haselnüsse mit 2 EL Rosinen gemischt oder 250 ml Buttermilch mit 1 EL Honig gesüßt	400 g Pellkartoffeln mit 250 g Quark (20 % Fett), mit Salz und Schnittlauchröllchen gewürzt, dazu 1 Salatgurke in Scheiben geschnitten oder Brokkoli mit grüner Eiersauce (S. 76)
Basmatireis mit Pistazien (S. 56), dazu Grüner Salat (S. 30) oder Sommersalat mit Ananassauce (S. 34), dazu pro Person 60 g Käse, in Würfel geschnitten	Hüttenkäse mit frischem Obst oder 1 Banane	Paprikarahmsuppe (S. 46) dazu pro Person 1 Vollkornbrötchen oder Salat mit Roquefortdressing (S. 29), dazu pro Person 2 gekochte Eier oder ein Butterbrot
Polenta mit Champignons (S.64) oder Spinat-Schafskäse-Salat (S. 32), dazu pro Person 2 Pellkartoffeln	Studentenfutter aus 2 EL Rosinen, 1 EL Sonnenblumenkernen und 10 Haselnüssen oder 150 g Naturjoghurt gemischt mit 100 g Erdbeeren (TK) und 1 TL Honig	Spaghetti in Mandelsauce (S. 53), dazu Grüner Salat (S. 30) oder Gebratene Bohnen mit Tomaten (S. 74), dazu pro Person 80 g Schafskäse
Kartoffelsuppe (S. 44) oder Spiegeleier auf buntem Paprikagemüse (S. 72)	1 Avocado oder 2 Möhren	Gemüsesuppe mit Ingwer (S. 42), dazu pro Person 1 Mehrkornbrötchen oder Nudelsalat mit Spargel und Basilikum (S. 38)
Zucchinigemüse mit Käsekruste (S. 65) oder Nudelauflauf mit Schafskäse (S. 58)	15 Haselnüsse mit 2 EL Rosinen gemischt oder 100 g Heidelbeeren mit 1 TL Honig und 200 ml Sojamilch pürieren	Warmer Ziegenkäse auf Gemüsesalat (S. 37) oder Kürbissuppe mit Koriander (S. 47) dazu pro Person 1 Vollkornbrötchen
Kartoffelgratin, dazu Paprika-Mais-Zwiebel-Salat (S. 54) oder Sommersalat mit Ananas (S. 34), dazu pro Person 60 g Käse, in Würfel geschnitten	Weintrauben oder Joghurtmilchshake mit Obst	Kartoffelsalat mit Frischkäsesauce (S. 91) oder Kleine Camemberthappen (S. 78), dazu frische Paprika
Überbackene Champignon-Paprika-Kartoffeln (S. 52) oder Salat mit warmen Pfifferlingen und Petersilienschmand (S. 36), dazu pro Person 200 g Salzkartoffeln	Karottenstückchen mit Kräuterquark oder 1 Stück Blechkuchen	Gemüsepaella (S. 62) oder Gemüseomelett (S. 80)

Nährstoffzufuhr

Während von den Hauptnährstoffen Kohlenhydrate und Fette ausreichend – manchmal sogar zu viel – aufgenommen wird, kann es bei den Proteinen (Eiweiß) etwas knapp werden. Eiweiße zählen neben den Kohlenhydraten und Fetten zu unseren Hauptnährstoffen. Sie dienen dem Körper als Baustoff für Muskeln, Zellen, Knochen, Haut und Haare, als Transportmittel von Sauerstoff und Fetten, als Sender von Nervenimpulsen, als Strukturgeber und vieles mehr.

Nehmen Sie genügend Proteine zu sich?

Die Deutsche Gesellschaft für Ernährung (DGE) empfiehlt pro Kilogramm Körpergewicht 0,8 Gramm Eiweiße jeden Tag zu essen. Das sind bei einem Körpergewicht von 75 kg 60 g Eiweiß.
Körperlich sehr schwer arbeitende Menschen und Leistungssportler haben einen höheren Eiweißbedarf. Dieser kann auf bis zu 1,8 Gramm pro Kilogramm Körpermasse ansteigen. Wird kein Sport gemacht, darf 1 Gramm Eiweiß pro Kilogramm Körpergewicht nicht überschritten werden.

Tierisches Eiweiß und pflanzliches Eiweiß – der große Unterschied

Wenn bei Trennkost von Eiweißen gesprochen wird, dann handelt es sich um tierische Eiweiße, die sich in Fleisch, Wurst, Eiern, Käse und Milchprodukten befinden. Diese benötigen zur Verdauung einen weitaus größeren Energieaufwand als pflanzliches Eiweiß. Im Übermaß gegessen, können tierische Eiweiße erhebliche gesundheitliche Schäden verursachen. Pflanzliche Eiweiße sind wesentlich leichter zu verstoffwechseln.

Da viele pflanzliche Lebensmittel jedoch nur einen geringen Eiweißgehalt haben, stehen Vegetarier oftmals vor dem Problem, die täglich benötigte Eiweißmenge über die Ernährung nicht zu erreichen. Doch für eine ausgewogene Ernährung ist die Aufnahme einer ausreichenden Menge unerlässlich.

Meine Empfehlung: Wenn Sie über Ihre Ernährung nicht auf die täglich empfohlene Eiweißmenge kommen, empfehle ich Ihnen zusätzlich einen hochwertigen pflanzlichen Eiweißshake zu trinken.

Eiweißgehalt verschiedener Lebensmittel

Lebensmittel je 100 g	Eiweißgehalt in g
Amaranth (Getreide)	14,6
Apfel	0,3
Avocado	1,9
Bohnen, getrocknet*	20,7
Eier	12,9
Erbsen, getrocknet*	24,0
Feigen, getrocknet	3,9
Haferflocken	13,8
Haselnüsse	13,0
Heidelbeeren	0,7
Hirse	11,0
Joghurt	4,0
Kartoffeln	2,0
Käse, Emmentaler	27,4
Käse, Camembert	23,5
Kichererbsen*	19,8
Kopfsalat	1,4
Linsen, getrocknet*	23,5
Linsen, frisch gekeimt	9,0
Mais	8,2
Milch, 3,5 % Fett	3,2
Quark, mager	17,2
Quinoa (getreideähnlich)	15,2
Reis, Vollkorn	7,5
Reis, poliert	2,0
Rosinen	2,0
Sojamehl	42,5
Sojamilch	3,4
Sojajoghurt	4,0
Tofu	9,0
Weizen, Vollkorn	11,5

* **Hülsenfrüchte** Getrocknete Hülsenfrüchte wie Bohnen, Erbsen, Linsen haben zwar einen hohen pflanzlichen Eiweißanteil, sind aber als schwer verdaulich bekannt, was unter anderem auf die Saponine (organische Verbindungen) zurückzuführen ist. Diese wirken stark schäumend im Darm – ähnlich wie eine Seifenlauge, die die Luft am entweichen hindert. Die Folgen sind ein aufgeblähter Leib.
Hülsenfrüchte werden in der original Hay'schen Trennkost ausdrücklich nicht empfohlen, weil sie Nierenleiden sowie Gicht begünstigen. Andererseits sind Hülsenfrüchte gute Lieferanten von Eisen, Kalzium, Magnesium, Kalium, Kupfer und Phosphor, sowie den Vitaminen A, E und B. Meine Empfehlung: Ich zähle Hülsenfrüchte zu den Grenzfällen und esse sie ab und zu. Gut gekaut und mit frischen Kräutern wie Kümmel, Fenchel, Majoran, Liebstöckl, Rosmarin oder Thymian gewürzt, werden sie besser vertragen.

Apfel-Sellerie-Salat Apfel-Zimt-Müsli mit Joghurt Artisc
Basmatireis mit Pistazien Blumenkohlcurry Bratkartoffe
Spinat-Salat Champignoncremesuppe Champignonrühre
Kartoffelschiffchen mit Gemüsequark Gebackene Tomate
Nudeln mit Feldsalat Gegrillte Paprikastreifen Gekühlte
mit Dips Gemüsesuppe mit Ingwer Gemüsesuppe mit Ma
Grillspieße mit exotischer Sauce Grüner Salat Hafergrü
Honigtoast Hüttenkäse mit Apfel Italienischer Bohnene
sen Kartoffelsalat mit Frischkäsesauce Kartoffelsuppe K
pen Kürbissuppe mit Koriander Lollo Rosso mit Orangen
Mehrkornbrötchen mit Sesamquark Möhren-Erbsen-Gra
prika-Mais-Zwiebel-Salat Paprikarahmsuppe Pilzfladen
Polenta mit Champignons Risotto mit Steinpilzen R
Petersiliensauce Rosenkohl mit Kartoffelpüree Rührei mi
men Pfifferlingen und Petersilienschmand Sommersalat m
Paprikagemüse Spinat-Schafskäse-Salat Tomaten-Mozz
Paprika-Kartoffeln Warmer Ziegenkäse auf Gemüsesalat
knuspriger Käsekruste Zucchinisalat Zwiebelkuchen Ap
mit Knoblauchdip Avocado-Paprika-Salat Bananenbrot B
Spinatnocken Brokkoli mit grüner Eiersauce Brokkoli-Spi
Spinatsuppe Folienkartoffeln Gazpacho Gebackene Kar
Fetafüllung Gebratene Bohnen mit Tomaten Gebratene
kensuppe Gemüseomelett Gemüsepaella Gemüsesticks
ran Gemüsetoast Gratiniere Champignons mit Sauerkrau
mit Dickmilch und Trockenobst Himbeer-Joghurt-Shake
topf Kartoffelgratin Kartoffel-Möhren-Bratlinge mit Nüs

Rezepte

e mit Knoblauchdip Avocado-Paprika-Salat Bananenbrot
nit Spinatnocken Brokkoli mit grüner Eiersauce Brokkoli-
eine Spinatsuppe Folienkartoffeln Gazpacho Gebackene
t Fetafüllung Gebratene Bohnen mit Tomaten Gebratene
kensuppe Gemüseomelett Gemüsepaella Gemüsesticks
n Gemüsetoast Gratiniere Champignons mit Sauerkraut
mit Dickmilch und Trockenobst Himbeer-Joghurt-Shake
pf Kartoffelgratin Kartoffel-Möhren-Bratlinge mit Nüs-
-Salat-Brot Kerniger Beerenkefir Kleine Camemberthap-
ce Maiskolben mit Kräuterbutter Mango-Orangen-Drink
Nudelauflauf mit Schafskäse Nudelsalat mit Spargel Pa-
dem Ofen Pil[illegible] mit Tomatenquark
anasalat mit Knoblauchcroutons Romanescosalat mit
inem Spargel Salat mit Roquefortdressing Salat mit war-
nanas Spaghetti in Mandelsauce Spiegeleier auf buntem
a-Spießchen Tomatensuppe Überbackene Champignon-
chinigemüse mit geräuchertem Tofu Zucchinigemüse mit
Sellerie-Salat Apfel-Zimt-Müsli mit Joghurt Artischocke
atireis mit Pistazien Blumenkohlcurry Bratkartoffeln mit
Salat Champignoncremesuppe Champignonrührei Feine
elschiffchen mit Gemüsequark Gebackene Tomaten mit
eln mit Feldsalat Gegrillte Paprikastreifen Gekühlte Gur-
Dips Gemüsesuppe mit Ingwer Gemüsesuppe mit Majo-
rillspieße mit exotischer Sauce Grüner Salat Hafergrütze
nigtoast Hüttenkäse mit Apfel Italienischer Bohnenein-
Kartoffelsalat mit Frischkäsesauce Kartoffelsuppe Käse-

Hafergrütze mit Dickmilch und Trockenobst

Info

Der Zucker der Trockenfrüchte wird rasch vom Körper aufgenommen, die komplexen Kohlenhydrate im Vollkornreis sichern anschließend den kontinuierlichen Energienachschub – der ideale Mix für schnelle Power auf Dauer.

Kohlenhydrat

Zubereitungszeit: ca. 20 Minuten
Quellzeit: ca. 6 Stunden
ca. 360 kcal je Portion

Zutaten für 1 Portion
3 EL ungeschwefeltes Trockenobst
40 g Hafergrütze (im Reformhaus erhältlich)
1 Prise Meersalz
1/2 TL Zimtpulver
100 g Dickmilch oder Joghurt

1. Das Trockenobst waschen, in eine kleine Schüssel geben und mit 50 ml Wasser übergießen. Zugedeckt im Kühlschrank 6 Stunden quellen lassen.

2. Die Hafergrütze in einen kleinen Topf geben, eine Prise Salz, den Zimt und 150 ml Wasser hinzufügen. Das Ganze einmal aufkochen und danach bei schwacher Hitze unter gelegentlichem Rühren etwa 10 Minuten ausquellen lassen.

3. In der Zwischenzeit das Obst aus der Quellflüssigkeit nehmen und in 1/2 cm große Würfel schneiden.

4. Die Hafergrütze in ein flaches Schälchen geben. Die Fruchtwürfel darauf verteilen und die Dickmilch um das Ganze herumgießen.

Bananenbrot

Kohlenhydrat

Zubereitungszeit: ca. 10 Minuten
ca. 290 kcal je Portion

Zutaten für 1 Portion
1 Scheibe Vollkornbrot
1 TL Butter
80 g Hüttenkäse
1/2 Banane

1. Das Brot im Toaster kurz anrösten und dünn mit der Butter bestreichen.

2. Den Hüttenkäse gleichmäßig auf das Butterbrot streichen.

3. Die Banane schälen und in dünne Scheiben schneiden. Die Bananenscheiben hintereinander auf das Hüttenkäsebrot legen.

Hüttenkäse mit Apfel

Eiweiß

Zubereitungszeit: ca. 10 Minuten
ca. 190 kcal je Portion

Zutaten für 1 Portion
1 Apfel
1 EL Zitronensaft
100 g Hüttenkäse
1 TL Mandelblättchen

1. Den Apfel waschen, vierteln und das Kerngehäuse herausschneiden. Dann den Apfel in schmale Spalten schneiden und mit dem Zitronensaft beträufeln.

2. Den Hüttenkäse zusammen mit den Apfelspalten auf einem Teller anrichten, mit Mandelblättchen bestreuen und sofort servieren.

Variationen

**Nehmen Sie statt Kefir die gleiche Menge Vollmilchjoghurt oder eine Buttermilch mit Butterflocken.
Je nach Saison bietet sich auch anderes Beerenobst, wie z. B. Stachelbeeren, Brombeeren oder Heidelbeeren an.**

Kerniger Beerenkefir

Eiweiß

Zubereitungszeit: ca. 20 Minuten
ca. 460 kcal je Portion

Zutaten für 1 Portion
125 g frische Erdbeeren
je 60 g frische Himbeeren
und rote Johannisbeeren
150 g Kefir (3,5 % Fett)
2 EL Obstdicksaft (aus dem Reformhaus)
1 1/2 EL Sonnenblumenkerne
2 EL gehackte Mandeln
1/2 EL frisch gehackte Zitronenmelisse

1. Die Beeren verlesen, putzen, waschen, gut abtropfen lassen und in ein Dessertschüsselchen geben. Die Erdbeeren zuvor halbieren oder vierteln.

2. Den Kefir mit Obstdicksaft süßen und über die Beeren gießen.

3. Die Kefirspeise mit den Sonnenblumenkernen, den Mandeln sowie der Melisse bestreuen.

Honigtoast

Kohlenhydrat

Zubereitungszeit: ca. 5 Minuten
ca. 360 kcal je Portion

Zutaten für 1 Portion
100 g Sahnequark (40 % Fett i. Tr.)
2 Scheiben Vollkorntoastbrot
1 EL flüssiger Honig
1 TL Sesam

1. Das Brot toasten. In der Zwischenzeit den Quark in einer kleinen Schüssel mit einem Schneebesen cremig rühren.

2. Die Toastbrote mit dem Quark bestreichen. Dann den Honig langsam darauf laufen lassen.

3. Die Toasts jeweils mit 1/2 Teelöffel Sesamsamen bestreuen und sofort verzehren.

Mehrkornbrötchen mit Sesamquark

Kohlenhydrat

Zubereitungszeit: ca. 10 Minuten
230 kcal je Portion

Zutaten für 1 Portion
1 Mehrkornbrötchen
60 g Quark (20 % Fett i. Tr.)
etwas Kräutersalz
1 TL Sesam

1. Das Mehrkornbrötchen halbieren und die Hälften toasten.

2. In der Zwischenzeit den Quark mit dem Kräutersalz verrühren und die Brötchenhälften damit bestreichen.

3. Den Sesam in einer beschichteten Pfanne ohne Fett kurz rösten und auf den Quark streuen.

Apfel-Zimt-Müsli mit Joghurt

Kohlenhydrat

Zubereitungszeit: ca. 10 Minuten
ca. 360 kcal je Portion

Zutaten für 1 Portion
1/2 kleiner, mürber Apfel
1/2 Banane
1/2 TL abgeriebene Schale einer unbehandelten Zitrone
40 g Haferflocken
1/2 TL Zimtpulver
60 g Joghurt (3,5 % Fett)
50 g Buttermilch
1 Zweig Zitronenmelisse
1 EL flüssiger Honig

1. Den Apfel heiß abwaschen und trocken reiben. Ihn vierteln und das Fruchtfleisch fein würfeln.

2. Die Banane schälen, in 1/2 cm dicke Scheiben schneiden und diese zusammen mit den Apfelwürfeln und der Zitronenschale mischen.

3. Die Haferflocken in einen tiefen Teller geben. Den Zimt darauf verteilen. Die Fruchtstücke auf das Getreide legen. Den Joghurt und die Buttermilch in einer Schüssel verrühren und darauf gießen. Die Flocken dann kurz quellen lassen.

4. In der Zwischenzeit die Melisse waschen, trocken tupfen und die Blätter von den Stielen zupfen. Danach in feine Streifen schneiden. Das Müsli zum Schluss mit dem Honig süßen und mit den Melissestreifen garnieren.

INFO

Äpfel enthalten reichlich Pektin. Dieser Ballaststoff quillt in Flüssigkeit auf und sorgt als „innere Müllabfuhr" dafür, dass Giftstoffe im Darm gebunden und aus dem Körper transportiert werden können.

Mango-Orangen-Drink

Eiweiß

Zubereitungszeit: ca. 10 Minuten
ca. 60 kcal je Portion

Zutaten für 2 Portionen
1 kleine, reife Mango
200 ml frisch gepresster Orangensaft
2 Orangenscheiben

1. Die Mango schälen, das Fruchtfleisch vom Stein abschneiden und in große Stücke schneiden.

2. Das Mangofruchtfleisch mit dem Orangensaft und 200 ml Eiswasser im Mixer kräftig pürieren.

3. In 2 Longdrinkgläser geben und mit den Orangenscheiben garnieren.

Himbeer-Joghurt-Shake

Eiweiß

Zubereitungszeit: ca. 5 Minuten
ca. 210 kcal je Portion

Zutaten für 2 Portionen
200 g frische Himbeeren (ersatzweise auch TK-Beeren)
300 g Joghurt (3,5 % Fett)
2 EL Zitronensaft
2 EL Ahornsirup

1. Die Himbeeren waschen und mit dem Joghurt, dem Zitronensaft und dem Ahornsirup entweder im Mixer oder mit dem Pürierstab einige Minuten schaumig quirlen.

2. Den Shake in große Gläser füllen und gekühlt servieren.

Variationen

Nehmen Sie Kefir statt Joghurt und nehmen Sie Früchte der Saison.
Statt mit Sirup können Sie auch mit Obstdicksaft oder Honig süßen.

Lollo Rosso mit Orangensauce

Eiweiß

Zubereitungszeit: ca. 30 Minuten
ca. 480 kcal je Portion

Zutaten für 2 Portion
4 Orangen
1 EL kalt gepresstes Olivenöl
1 TL Zitronensaft
etwas Meersalz
1 Kopf Lollo Rosso
1 rote Zwiebel
1 kleine Fenchelknolle
6 schwarze Oliven
4 TL Pinienkerne

1. 2 Orangen auspressen. Den Orangensaft mit Olivenöl und Zitronensaft verrühren, mit Salz würzen.

2. Die Salatblätter in mundgerechte Stücke zerpflücken. Die Zwiebel in hauchdünne Ringe schneiden und mit dem Dressing mischen.

3. Die restlichen Orangen oben und unten flach abschneiden, auf eine Schnittfläche stellen und die restliche Schale von oben nach unten herunterschneiden. Dabei die weiße Haut vollständig entfernen. Die Filets mit einem kleinen Messer herausschneiden und zu den Zwiebelringen geben.

4. Den Fenchel mittelfein raspeln. Salat, Fenchel und Oliven auf einem Teller anrichten. Das Dressing mit den Zwiebelringen und den Orangenfilets darüber verteilen und alles mit Pinienkernen bestreuen.

Romanasalat mit Knoblauchcroûtons

Kohlenhydrat

Zubereitungszeit: ca. 15 Minuten
ca. 310 kcal je Portion

Zutaten für 2 Portion
2 Scheiben Vollkorntoast
2 EL Butter
1 Knoblauchzehe
1 Romanasalat (Römischer Salat)
2 TL Obstessig
120 ml Wasser
5 EL süße Sahne
1 TL Kräutersalz
1 EL kalt gepresstes Olivenöl
2 EL gehackte Petersilie

1. Für die Croûtons zuerst von den Toastbrotscheiben die Rinde abschneiden und anschließend das Brot in kleine Würfel schneiden.

2. Die Butter in einer Pfanne zerlassen und die Brotwürfel darin goldbraun rösten. Den Knoblauch schälen und durch eine Presse dazudrücken.

3. Den Salat putzen, waschen, trocken schleudern und in mundgerechte Stücke teilen.

4. Aus Obstessig, Wasser, Sahne, Kräutersalz und Öl eine Sauce rühren. Die gehackte Petersilie untermischen.

5. Die Sauce über den Salat gießen und mit den Croûtons bestreuen.

Salat mit Roquefortdressing

Neutral

Zubereitungszeit: ca. 20 Minuten
ca. 330 kcal je Portion

Zutaten für 2 Portion
1 Römischer Salat
2 Möhren
6 große frische Champignons
1 Knoblauchzehe
4 EL Buttermilch
4 EL Hüttenkäse
2 EL Roquefort oder ein anderer Edelpilzkäse
2 TL Obstessig
Meersalz
1–2 EL Sonnenblumenkerne

1. Die Salatblätter vom Strunk lösen, waschen, trocken schütteln und zerpflücken. Die Möhre putzen, schälen, waschen und grob raspeln. Die Champignons mit Küchenkrepp abreiben, putzen und in Scheiben schneiden. Alles auf einem Teller anrichten.

2. Für das Dressing den Knoblauch schälen und grob hacken. Knoblauch, Buttermilch, Hüttenkäse, Roquefort und Obstessig pürieren. Mit wenig Salz abschmecken.

3. Das Dressing über die Salatzutaten geben und zum Schluss die Sonnenblumenkerne darüberstreuen.

Tipp

Das Dressing ist auch ein wunderbarer Dip für rohes Gemüse wie Möhren, Staudensellerie, Paprika oder Brokkoli. Dafür das Gemüse putzen, evtl. schälen, waschen und in mundgerechte Stücke oder Stifte schneiden.

Grüner Salat

Neutral

Zubereitungszeit: ca. 15 Minuten
ca. 130 kcal je Portion

Zutaten für 2 Portionen
1 Kopfsalat
1 kleine Zwiebel
3 EL geh. Kräuter (Kerbel, Petersilie, Schnittlauch)
2 EL Sonnenblumenöl
2 EL Obstessig
1/2 TL Kräutersalz

1. Den Kopfsalat putzen, waschen und trocken schütteln. Ihn dann in mundgerechte Stücke zupfen.

2. Die Zwiebel schälen und fein hacken. Aus Kräutern, 100 ml Wasser, Öl, Essig und Salz eine Sauce rühren.

3. Die Sauce über den Salat gießen und alles sorgfältig miteinander vermischen. Vor dem Servieren kurze Zeit ziehen lassen.

Apfel-Sellerie-Salat

Eiweiß

Zubereitungszeit: ca. 45 Minuten
ca. 270 kcal je Portion

Zutaten für 2 Portion
1 Sellerieknolle (ca. 300 g)
2 saftige Äpfel
1 EL Zitronensaft
175 g Joghurt, 3,5 % Fett
1 EL Zitronensaft
1 TL Apfeldicksaft (Reformhaus)
oder Honig
1/2 TL Meersalz
1 kleiner Bund glatte Petersilie
1 TL Paprikapulver (edelsüß)

1. Die Sellerieknolle waschen und ungeschält in reichlich kochendem Wasser 20 bis 25 Minuten garen. Danach abkühlen lassen, schälen und die Knolle in dünne Scheiben hobeln.

2. Die Äpfel waschen, vierteln, das Kerngehäuse herausschneiden und das Fruchtfleisch in dünne Scheiben schneiden. Sofort mit dem Zitronensaft beträufeln.

3. Für die Sauce den Joghurt mit dem Zitronensaft, dem Apfeldicksaft und dem Salz verrühren. Die Petersilie waschen, hacken und unterrühren.

4. Die Sellerie- und Apfelscheiben mit der Sauce mischen und mit dem Paprikapulver bestäuben.

Zucchinisalat

Neutral

Zubereitungszeit: ca. 20 Minuten
ca. 140 kcal je Portion

Zutaten für 2 Portion
2 kleine Zucchini
1 1/2 EL kalt gepresstes Olivenöl
1 Knoblauchzehe
etwas Meersalz
2 Tomaten
10 schwarze Oliven
10 gehackte Basilikumblättchen

1. Die Zucchini waschen, Stielansätze abschneiden und die Früchte in dünne Scheiben schneiden.

2. Das Öl in einer Pfanne nicht zu stark erhitzen und die Zucchinischeiben darin andünsten. Den Knoblauch schälen, durch eine Presse zu den Zucchini drücken und alles leicht salzen.

3. Danach die Pfanne vom Herd nehmen und die Zucchinischeiben auskühlen lassen. Sie anschließend spiralförmig auf einer Platte oder einem Teller anrichten.

4. Die Tomaten waschen, von den Stielansätzen befreien und würfeln. Die Tomatenwürfel mit den Oliven auf den Zucchinisalat geben und mit den Basilikumblättchen bestreuen.

Tipp

Zucchini sind bis zu einer Länge von 20 cm am schmackhaftesten. Sie sollten immer ungeschält verwendet werden, da ihre Aromastoffe dicht unter der Schale sitzen.

Spinat-Schafskäse-Salat

Neutral

Zubereitungszeit: ca. 20 Minuten
ca. 380 kcal je Portion

Zutaten für 2 Portion
300 g frischer Blattspinat
6 kleine Champignons
1 kleine rote Zwiebel
100 g Schafskäse
2 EL kalt gepresstes Olivenöl
1–2 TL Obstessig
100 g Joghurt, 3,5 % Fett
160 ml Mineralwasser
1–2 TL Honig
etwas Meersalz
6 schwarze Oliven

1. Den Spinat verlesen, dabei harte Stiele entfernen. Die Spinatblätter gründlich waschen, gut abtropfen lassen und in Streifen schneiden. Auf einem Teller anrichten.

2. Die Champignons sorgfältig mit Küchenkrepp abreiben, die Stiele und eventuell braune Stellen abschneiden. Die Pilze mit dem Messer in feine Scheiben schneiden. Die Zwiebel schälen und in Ringe schneiden. Den Schafskäse würfeln. Alle Zutaten auf dem Spinat verteilen.

3. Für das Dressing das Öl mit Essig, Joghurt, Mineralwasser und Honig verrühren. Mit Salz abschmecken.

4. Die Sauce über den Salat geben und diesen mit den Oliven garnieren.

Romanescosalat mit Petersiliensauce

Neutral

Zubereitungszeit: ca. 30 Minuten
ca. 220 kcal je Portion

Zutaten für 2 Portionen
1 kleiner Kopf Romanesco
1 TL Meersalz
1 rote Paprikaschote
1 Zwiebel
4 Tomaten
2 Stangen Staudensellerie
1 Bund Petersilie
250 g griechischer Joghurt
1 TL Kräutersalz
1 zerdrückte Knoblauchzehe

1. Den Romanesco putzen, waschen und in kleine Röschen zerteilen. In kochendem Salzwasser in 5 bis 8 Minuten bissfest garen. Danach mit der Schaumkelle herausheben und kurz mit kaltem Wasser abbrausen.

2. Die Paprikaschote halbieren und das Kerngehäuse entfernen. Die Paprika waschen und in schmale Streifen schneiden. Die Zwiebel schälen und fein würfeln.

3. Die Tomaten waschen, halbieren, von den Stielansätzen befreien und in kleine Würfel schneiden. Die Selleriestangen putzen, eventuelle Fäden abziehen und den Sellerie in sehr dünne Scheiben schneiden. Alle vorbereiteten Zutaten in einer Schüssel mischen.

4. Für die Sauce die Petersilie waschen, trocken schütteln und die Blättchen von den Stielen zupfen. Die Petersilie zum Joghurt geben und mit dem Kräutersalz leicht würzen. Alles mit einem Schneidstab pürieren und nach Belieben mit dem Knoblauch abschmecken.

5. Die Sauce mit den Salatzutaten mischen. Den Salat vor dem Servieren etwa 10 Minuten durchziehen lassen.

Tipp

Statt Romanesco können Sie auch Brokkoli oder Blumenkohl nehmen. Dieser Salat eignet sich auch gut zum Mitnehmen in die Arbeit.
Aus diesem neutralen Vorspeisensalat können Sie ganz einfach eine Hauptmahlzeit der Eiweißgruppe machen, wenn Sie pro Person 2 hart gekochte Eier vierteln und auf den Salat geben.

Sommersalat mit Ananas

Eiweiß

Zubereitungszeit: ca. 20 Minuten
ca. 420 kcal je Portion

Zutaten für 2 Portionen
1 Chicorée
100 g Feldsalat
100 g Champignons
1 kleiner Kopf Friséesalat
Für die Sauce:
1 Avocado
3 EL Zitronensaft
100 g milder Joghurt
100 g saure Sahne
1 TL Kräutersalz
1 TL Currypulver
1/2 TL Kardamompulver
einige Tropfen Worcestershiresauce
1/4 Ananas
Außerdem:
6 Kirschtomaten
1 Kästchen Kresse

1. Den Chicorée waschen, putzen, der Länge nach halbieren und den Strunk keilförmig herausschneiden. Die Staude dann in Streifen schneiden.

2. Den Feldsalat putzen, waschen und gut trocken schleudern.

3. Die Champignons putzen und vorsichtig abreiben, eventuell die Stielenden abschneiden und die Pilze in feine Scheiben schneiden.

4. Den Friséesalat putzen, waschen und grob zerpflücken. Die Salatzutaten in einer Schüssel mischen.

5. Für die Sauce die Avocado halbieren, den Stein herauslösen und das Fruchtfleisch mithilfe eines Löffels aus der Schale kratzen. Es mit dem Zitronensaft beträufeln und zusammen mit dem Joghurt, der sauren Sahne, Kräutersalz, Curry, Kardamom und der Worcestershiresauce mit dem Schneidstab pürieren.

6. Die Kirschtomaten waschen und halbieren. Die Ananas in sehr kleine Würfel schneiden und unter die Sauce mischen. Die Sauce auf den Salat geben und mit den Kresseblättchen sowie mit den Kirschtomaten garnieren.

Avocado-Paprika-Salat

Neutral

Zubereitungszeit: ca. 25 Minuten
ca. 470 kcal je Portion

Zutaten für 2 Portionen

Für den Salat:

1 reife Avocado
1 gelbe Paprikaschote
1 kleiner Bund Rucola (Rauke)
10 Kirschtomaten

Für die Sauce:

2 EL kalt gepresstes Olivenöl
2 EL Zitronensaft
1 TL Meersalz
1 TL Obstdicksaft (Reformhaus)

Außerdem:

60 g Schafskäse (Feta)

1. Die Avocado schälen, längs halbieren und den Kern entfernen. Die Hälften in Scheiben schneiden.

2. Die Paprikaschote vierteln, putzen und in Streifen schneiden.

3. Die Rucola verlesen, waschen und trocken tupfen. Die Tomaten waschen und halbieren.

4. Die vorbereiteten Salatzutaten mischen und auf 2 Tellern anrichten.

5. Für die Sauce das Öl mit dem Zitronensaft und 100 ml Wasser kräftig verschlagen. Mit dem Salz und dem Obstdicksaft würzen.

6. Die Sauce auf den Salat gießen. Den Schafskäse zerbröseln und darauf streuen. Sofort servieren.

VARIATION

Wenn Sie es besonders herzhaft mögen, tauschen Sie den Feta gegen Parmesan aus, den Sie fein über den Salat hobeln.

TIPP

Avocados sind reif, wenn sie auf Fingerdruck leicht nachgeben. Noch nicht voll ausgereifte Avocados können Sie, in Zeitungspapier eingewickelt, einige Tage nachreifen lassen.

Salat mit warmen Pfifferlingen und Petersilienschmand

Neutral

Zubereitungszeit: ca. 25 Minuten
ca. 120 kcal je Portion

Zutaten für 2 Portionen
Für den Salat:
1/3 Kopf Friséesalat
1 kleiner Radicchio
200 g frische Pfifferlinge
3 Frühlingszwiebeln
1 EL kalt gepresstes Olivenöl
1/4 TL Kräutersalz
Für den Petersilienschmand:
1 EL Schmand (saure Sahne extra)
2 EL Joghurt (3,5 % Fett)
3 EL gehackte Petersilie
1 Knoblauchzehe
1/2 TL Kräutersalz
1/4 TL Cayennepfeffer

1. Den Friséesalat und den Radicchio verlesen, waschen und trocken schleudern. Die Salatblätter zerpflücken, mischen und auf 2 Teller verteilen.

2. Die Pfifferlinge kurz waschen und putzen. Die Frühlingszwiebeln waschen, putzen und in Ringe schneiden.

3. Das Öl in einer Pfanne erhitzen und Pilze sowie Frühlingszwiebeln dazugeben. Beides etwa 10 Minuten dünsten und mit Kräutersalz abschmecken.

4. Inzwischen den Knoblauch schälen und durch die Presse drücken. Den Schmand mit dem Joghurt, der Petersilie, dem Knoblauch, dem Kräutersalz und dem Cayennepfeffer verrühren.

5. Die warmen Pfifferlinge auf dem Salat verteilen und den Petersilienschmand darübergeben.

VARIATION

Wenn keine Pfifferlingzeit ist, verwenden Sie Champignons oder Austernpilze für diesen Salat.

Warmer Ziegenkäse auf Gemüsesalat

Neutral

Zubereitungszeit: ca. 1/2 Stunde
ca. 440 kcal je Portion

Zutaten für 2 Portionen
Für den Salat:
1 Zwiebel
2 rote Paprikaschoten
1 Zucchini
250 g Champignons
1 1/2 EL kalt gepresstes Sonnenblumenöl
1 Knoblauchzehe
etwas Meersalz
1–2 Zweige Majoran
4 Scheiben Ziegenkäse à ca. 50 g
Für die Sauce:
1 EL kalt gepresstes Sonnenblumenöl
1 EL Apfelessig
4 EL gehackte Petersilie
Kräutersalz

1. Die Zwiebel schälen und in dünne Ringe schneiden. Paprika, Zucchini und Champignons waschen, trocken tupfen, putzen und in dünne Scheiben schneiden.

2. Das Öl in einer Pfanne erhitzen und die Zwiebelringe darin dünsten. Das restliche Gemüse hinzufügen und unter Rühren langsam andünsten. Den Knoblauch schälen, durch eine Presse dazudrücken, das Gemüse salzen und mit dem Majoran würzen. Das Gemüse so lange auf kleiner Flamme dünsten lassen, bis der Gemüsesaft weitgehend verdunstet ist.

3. Inzwischen die Käsescheiben 3 bis 5 Minuten unter dem heißen Backofengrill erwärmen.

4. Für die Sauce das Öl mit dem Essig, 100 ml Wasser und der gehackten Petersilie verrühren und mit dem Kräutersalz abschmecken. Die Sauce über das noch warme Gemüse geben und den Käse auf dem Salat anrichten.

INFO

Champignons gehören zu den Gemüsesorten mit dem höchsten Vitamin-B2-Gehalt. Ein Mangel daran kann Entzündungen von Haut und Schleimhäuten verursachen.

Nudelsalat mit Spargel

Kohlenhydrat

Zubereitungszeit: ca. 20 Minuten
ca. 280 kcal je Portion

Zutaten für 2 Portionen
300 g grüner Spargel
1 TL Meersalz
200 g Kirschtomaten
12–14 Basilikumblättchen
2 EL Doppelrahmfrischkäse
175 g Joghurt (3,5% Fett)
1 TL Kräutersalz
400 g gekochte kleine Vollkornnudeln (entspricht etwa 160 g Rohgewicht)

1. Den Spargel waschen und eventuell die Enden abschneiden. Die Stangen schräg in 2 bis 3 cm lange Stücke schneiden und diese in leicht gesalzenem Wasser bissfest kochen.

2. Inzwischen die Tomaten waschen. Die Basilikumblättchen waschen, trocken tupfen und in Streifen schneiden.

3. Für die Sauce den Frischkäse mit dem Joghurt und dem Kräutersalz verrühren und das Basilikum dazugeben.

4. Den Spargel abtropfen und abkühlen lassen. Spargel, Nudeln und Tomaten mischen und kurz vor dem Verzehr mit der Sauce mischen.

Brokkoli-Spinat-Salat

Kohlenhydrat

Zubereitungszeit: ca. 1 Stunde
ca. 650 kcal je Portion

Zutaten für 2 Portionen
Für den Salat:
400 g fest kochende Kartoffeln
300 g Brokkoli
ca. 1 TL Meersalz
100 g frischer Blattspinat
1 reife Avocado
1 grüne Paprikaschote
Für die Sauce:
1 Packung frische Grüne-Soße-Kräuter (Petersilie, Dill, Schnittlauch, Estragon, Kerbel, Sauerampfer etc.)
150 g Quark (20 % Fett)
150 g Naturjoghurt (3,5 % Fett)
ca. 1 TL Kräutersalz
Außerdem:
8 frisch gehackte Walnusskerne
2 EL frisch gehackter Kerbel

1. Die Kartoffeln in reichlich Wasser als Pellkartoffeln garen, anschließend abgießen, leicht abkühlen lassen, dann pellen und in Würfel schneiden.

2. Den Brokkoli putzen, in kleine Röschen zerteilen und waschen. Die Brokkolistiele waschen, schälen und in kleine Stücke schneiden. Das Brokkoligemüse in leicht gesalzenem Wasser etwa 1/4 Stunde köcheln lassen, anschließend abgießen und gut abtropfen lassen.

3. In der Zwischenzeit den Spinat verlesen, gründlich waschen und gut abtropfen lassen. Die größeren Blätter etwas zerkleinern.

4. Die Avocado schälen, halbieren, entkernen und längs in schmale Spalten schneiden. Diese quer halbieren. Die Paprikaschote waschen, trocken reiben, vierteln, entkernen und quer in feine Streifen schneiden.

5. Die Kräuter eventuell putzen, gut waschen, trocken schütteln und grob zerkleinern. Den Quark zusammen mit dem Joghurt verrühren und gemeinsam mit den Kräutern im Mixer pürieren. Die Sauce mit Salz abschmecken.

6. Alle vorbereiteten Zutaten miteinander vermischen. Den Salat mit der grünen Sauce anmachen und anschließend mit den Walnüssen sowie dem Kerbel bestreuen.

Champignoncremesuppe

Kohlenhydrat

Zubereitungszeit: ca. 20 Minuten
ca. 190 kcal je Portion

> **Tipp**
> Vollkornmehl eignet sich in vielen Fällen besser zum Andicken von Suppen oder Saucen als weißes Mehl, da es weniger leicht klumpt.

Zutaten für 2 Portion
250 g Champignons
1 kleine Zwiebel
1 EL Butter
2 EL Dinkelvollkornmehl
350 ml Gemüsebrühe (aus Instantpulver)
4 EL Sahne

1. Die Pilze sorgfältig mit Küchenkrepp abreiben, putzen und feinblättrig aufschneiden. Die Zwiebel schälen, würfeln und in der Butter glasig dünsten. Die Pilze hinzufügen, mit dem Mehl bestäuben und zart bräunen. 6 Esslöffel gebratene Champignons beiseite legen.

2. Die Pilz-Zwiebel-Mischung mit der Gemüsebrühe auffüllen, kurz aufkochen lassen und alles pürieren.

3. Anschließend die Suppe mit der Sahne verfeinern und auf 2 Teller verteilen. Von den gebratenen Champignons jeweils 3 Esslöffel in die Suppe geben.

Gekühlte Gurkensuppe

Neutral

Zubereitungszeit: ca. 20 Minuten
Kühlzeit: ca. 15 Minuten
170 kcal je Portion

Zutaten für 2 Portionen
1/2 große Salatgurke
1 kleine Zucchini
2 Frühlingszwiebeln
1 Knoblauchzehe
2 EL kalt gepresstes Olivenöl
300 ml Gemüsebrühe (aus Instantpulver)
50 g saure Sahne
3 EL frisch gehackte Kräuter (z. B. Dill, Petersilie, Kerbel)

1. Die Gurke schälen, der Länge nach vierteln und die Kerne mit einem Löffel herausschaben. Die Zucchini waschen und das Stielende abschneiden. Die Gurke und die Zucchini in grobe Stücke schneiden.

2. Die Frühlingszwiebeln putzen, waschen und in Ringe schneiden. Den Knoblauch schälen und in kleine Stücke hacken.

3. Das Öl in einem Topf erhitzen, die Zwiebelringe und den Knoblauch darin glasig dünsten. Die Gurken- und Zucchiniwürfel dazugeben, kurz schmoren und alles mit der Brühe ablöschen. Das Ganze zugedeckt etwa 10 Minuten köcheln lassen. Anschließend alles mit dem Pürierstab fein mixen. Die Suppe kühlen, dann die saure Sahne unterziehen. Mit den gehackten Kräutern bestreuen und kalt servieren.

Gemüsesuppe mit Ingwer

Neutral

Zubereitungszeit: ca. 1/2 Stunde
ca. 90 kcal je Portion

Zutaten für 2 Portionen
1 Schalotte
1 kleine Knoblauchzehe
1 Stück Ingwer (ca. 2 cm)
75 g Petersilienwurzeln
1 Möhre
1/2 Stange Lauch
1/2 Fenchelknolle
1 TL Butter
300 ml Gemüsebrühe (aus Instantpulver)
etwas Meersalz
1 Pr. gemahlener Anis
1 EL gehackte Korianderblättchen

1. Die Schalotte, den Knoblauch, den Ingwer, die Petersilienwurzeln und die Möhre schälen, eventuell waschen und alles fein würfeln. Den Lauch putzen, waschen und in schmale Ringe schneiden. Den Fenchel putzen, waschen und in feine Scheiben schneiden.

2. Die Butter in einem Topf zerlassen. Schalotte, Knoblauch, Ingwer und das Gemüse darin einige Minuten anbraten. Die Brühe hinzufügen und alles zugedeckt bei schwacher Hitze garen.

3. Die Suppe anschließend pürieren und mit Salz sowie Anis abschmecken. Die gehackten Korianderblättchen darüberstreuen.

Gazpacho

Neutral

Zubereitungszeit: ca. 35 Minuten
ca. 120 kcal je Portion

Zutaten für 2 Portionen
300 g reife Tomaten
100 ml Gemüsebrühe (aus Instantpulver)
1 Stück Salatgurke (ca. 10 cm)
1/2 rote Paprikaschote
1/2 grüne Paprikaschote
1/2 gelbe Paprikaschote
1 Schalotte
1 Knoblauchzehe
1/2 Bund Schnittlauch
2 Zweige Basilikum
1 EL Chiliöl
etwas Meersalz

1. Die Tomaten waschen und die Stielansätze keilförmig herausschneiden. Die Haut über Kreuz einritzen und die Tomaten für etwa 10 Sekunden in kochendes Wasser geben. Danach herausnehmen, kalt abschrecken und enthäuten.

2. Das Fruchtfleisch etwa 1 cm groß würfeln. 2/3 davon zusammen mit der Brühe im Mixer oder mit dem Schneidstab pürieren. Die Flüssigkeit in eine Schüssel oder einen Topf geben.

3. Die Gurke und die Paprikaschoten waschen. Die Kerne der Paprikaschoten entfernen und das Fruchtfleisch zusammen mit der Gurke fein würfeln. Beides zu den Tomaten und der Brühe geben.

4. Die Schalotte und den Knoblauch schälen. Den Knoblauch in die Suppe pressen. Die Schalotte in sehr feine Würfel schneiden und diese ebenfalls in die Suppe geben.

5. Die Kräuter waschen, trocken tupfen und die Basilikumblätter abzupfen. Einige zur Seite legen und den Rest zusammen mit dem Schnittlauch sehr fein schneiden.

6. Das Gazpacho mit den Kräutern, Chiliöl sowie Meersalz kräftig würzen. In 2 tiefe Teller geben und mit den Basilikumblättern garnieren.

Info

Basilikum kann für mehr Gelassenheit sorgen: Seine ätherischen Öle wirken gegen Nervosität und Angstzustände.

Kartoffelsuppe

Kohlenhydrat

Zubereitungszeit: ca. 30 Minuten
ca. 350 kcal je Portion

Zutaten für 2 Portionen
1 kleine Zwiebel
1 Knoblauchzehe
1 EL Öl
300 g Kartoffeln
1/2 l Gemüsebrühe (aus Instantpulver)
1 Stange Staudensellerie
2 EL Butter
1 Scheibe Vollkorntoastbrot
etwas Kräutersalz
2 EL saure Sahne
etwas Paprikapulver
1 EL Schnittlauchröllchen

1. Die Zwiebel und den Knoblauch schälen und beides grob hacken. Das Öl in einem Topf erhitzen und Zwiebel sowie Knoblauch darin goldgelb dünsten.

2. Inzwischen die Kartoffeln schälen, waschen, grob würfeln und in den Topf geben. Mit Gemüsebrühe auffüllen und alles zum Kochen bringen.

3. Den Sellerie putzen, klein schneiden und zur Suppe geben. Alles weitere 15 Minuten leicht köcheln lassen.

4. Inzwischen in einer Pfanne die Butter zerlassen und die Toastbrotscheibe darin von beiden Seiten knusprig braten. Abkühlen lassen und mit einer Gabel zerbröckeln.

5. Die fertig gegarte Suppe fein pürieren und mit Kräutersalz würzen. Auf 2 Teller verteilen, die Brotstückchen und jeweils einen Klecks saure Sahne dazugeben. Mit Paprikapulver und Schnittlauch bestreuen.

Gemüsesuppe mit Majoran

Kohlenhydrat

Zubereitungszeit: ca. 35 Minuten
ca. 270 kcal je Portion

Zutaten für 2 Portion
200 g Kartoffeln
100 g Möhren
1 kleine Stange Lauch
1–2 EL Butter
1 Zweig frischer Majoran
600 ml Gemüsebrühe (aus Instantpulver)
1–2 EL gehackte Petersilie
2 EL saure Sahne
1 TL Rosenpaprika

1. Kartoffeln und Möhren schälen und beides in kleine Würfel schneiden. Den Lauch gründlich waschen und in feine Streifen schneiden.

2. Die Butter in einem Topf zerlassen und das Gemüse unter Rühren anbraten. Mit dem Majoran bestreuen und die Gemüsebrühe angießen. Die Suppe zugedeckt etwa 15 Minuten köcheln lassen.

3. Das Ganze pürieren und die Petersilie darüber streuen. Die Suppe heiß servieren und pro Portion mit 1 Esslöffel saurer Sahne garnieren, mit Paprika bestäuben.

INFO

Kartoffeln enthalten viel Vitamin C. Allerdings nimmt der Vitamin-C-Gehalt mit zunehmender Lagerzeit immer mehr ab. Bereits nach 3 Monaten beträgt er etwa 70 %, nach 6 Monaten nur noch 50 %.

Tomatensuppe

Eiweiß

Zubereitungszeit: ca. 35 Minuten
ca. 360 kcal je Portion

Zutaten für 2 Portionen
100 g Knollensellerie
1 Zwiebel
1–2 Knoblauchzehen
1/2 kleiner Bund Petersilie
600 g reife Tomaten
2 EL kalt gepresstes Olivenöl
1/8 l trockener Rotwein
1/4 TL Chilipulver
1 EL Gemüsebrühe-Instantpulver zum Würzen
1/2 TL Honig
6 EL Sahne
8 Basilikumblättchen

1. Den Sellerie schälen, waschen und klein würfeln. Die Zwiebel und den Knoblauch schälen und grob hacken. Die Petersilie waschen, trocken schütteln und von den Stielen zupfen.

2. Die Tomaten waschen, halbieren und in 1/8 l Wasser etwa 5 Minuten kochen. Die gekochten Tomaten durch ein Sieb streichen.

3. Das Öl in einem Topf erhitzen. Sellerie, Zwiebel und Knoblauch darin anbraten. Die passierten Tomaten sowie die Petersilie dazugeben und den Rotwein angießen. Mit Chili, Gemüsebrühe und Honig würzen. Zugedeckt etwa 15 Minuten köcheln lassen. Anschließend die Suppe mit dem Pürierstab fein mixen und mit der Sahne verfeinern. Die gewaschenen Basilikumblättchen darüberstreuen.

TIPP

Verwenden Sie für dieses Gericht nur reife Tomaten. Noch aromatischer schmeckt die Suppe, wenn Sie italienische Flaschentomaten nehmen.

Info

Power durch gute Fette! Butter, ein leicht verdauliches Fett, belastet den Organismus nicht. Sonnenblumenöl enthält reichlich Linolsäure, die für den Aufbau der Zellwände nötig ist, und daher Voraussetzung für einen optimalen Stoffaustausch zwischen den Zellen ist.

Paprikarahmsuppe

Kohlenhydrat

Zubereitungszeit: ca. 35 Minuten
ca. 150 kcal je Portion

Zutaten für 2 Portionen
1 Zwiebel
1 rote Paprikaschote
1 gelbe Paprikaschote
1 EL Butter
1 EL feines Dinkelvollkornmehl
375 ml Gemüsebrühe (aus Instantpulver)
4 EL Sahne
1 EL gehackte Petersilie

1. Die Zwiebel schälen und in feine Würfel schneiden.

2. Die Kerngehäuse der Paprikaschoten entfernen und anschließend das Fruchtfleisch in Streifen schneiden. Einige Paprikastreifen für die Garnitur beiseitelegen.

3. Die übrigen Paprikastreifen zusammen mit den Zwiebelwürfeln etwa 5 Minuten in der Butter andünsten.

4. Dann das Vollkornmehl darüber stäuben, leicht anschwitzen und die Gemüsebrühe unter Rühren langsam dazugießen.

5. Das Ganze dann etwa 10 Minuten köcheln lassen. Die Suppe nach Belieben mit einem Schneidstab pürieren.

6. Die zurückbehaltenen Paprikastreifen hinzufügen und kurz mit erwärmen. Mit der Petersilie die Suppe kurz vor dem Servieren bestreuen. Zum Schluss die Paprikasuppe mit der Sahne verfeinern.

Kürbissuppe mit Koriander

Neutral

Zubereitungszeit: ca. 25 Minuten
ca. 310 kcal je Portion

Zutaten für 2 Portionen
250 g frischer Kürbis
1 EL Kürbiskernöl
1 1/2 EL flüssiger Honig
300 ml Gemüsebrühe (aus Instantpulver)
3 Zweige Koriandergrün
3 EL Crème fraîche
1 EL Obstessig
etwas Meersalz
etwas frisch geriebene Muskatnuss
2 Msp. Pimentpulver
2 EL geschälte Kürbiskerne

1. Den Kürbis schälen, entkernen und in etwa 2 cm große Stücke schneiden. Das Öl in einem Topf erhitzen und die Kürbisstücke darin anschwitzen. Nach etwa 2 Minuten den Honig dazugeben und alles mit der Brühe ablöschen.

2. Das Ganze einmal aufkochen und das Gemüse anschließend etwa 15 Minuten zugedeckt in der Flüssigkeit garen. Den Koriander waschen, trocken tupfen und die Blätter von den Stielen abzupfen.

3. Von der Crème fraîche 1 Esslöffel abnehmen, beiseitestellen und den Rest in einer Schüssel mit dem Obstessig verrühren. Den Kürbis in der Brühe pürieren. 5 Esslöffel davon zu der angerührten Crème fraîche geben und alles miteinander verrühren.

4. Das Ganze anschließend in die Suppe einrühren und mit Meersalz, Muskatnuss und Piment pikant abschmecken.

5. Die Kürbissuppe in 2 tiefe Teller geben und jeweils mit 1 Teelöffel Crème fraîche verfeinern. Zuletzt je 1 Esslöffel Kürbiskerne auf die Suppe streuen.

Möhren-Erbsen-Gratin

Neutral

Zubereitungszeit: ca. 1 Stunde
ca. 590 kcal je Portion

Zutaten für 2 Portionen
1 große Zwiebel
1 EL Butter
600 g Möhren
200 g TK-Erbsen
250 g saure Sahne
50 g Sahne
80 g geriebener Parmesan
1 TL Kräutersalz
1 Msp. Cayennepfeffer

1. Die Zwiebel schälen, fein würfeln und in der Butter glasig dünsten.

2. Die Möhren putzen, schälen und in etwa 4 cm lange Stücke schneiden. Wenn die Möhren relativ dick sind, sie vor dem Kleinschneiden der Länge nach halbieren oder vierteln. Den Backofen auf 175 °C vorheizen.

3. Zwiebelwürfel, Möhrenstücke und Erbsen in einer Auflaufform mischen. Die saure Sahne mit der süßen Sahne und 200 ml Wasser verrühren. Parmesan, Kräutersalz und Cayennepfeffer darunterrühen.

4. Den Sahneguss über das Gemüse geben. Das Gratin mit Alufolie abdecken und im Ofen etwa 20 Minuten backen. Danach die Folie entfernen und das Gratin weitere 10 Minuten backen, bis sich eine leichte Kruste gebildet hat.

Gratinierte Champignons mit Sauerkraut

Eiweiß

Zubereitungszeit: ca. 55 Minuten
ca. 700 kcal je Portion

Zutaten für 2 Portionen
200 g Champignons
1 große Zwiebel
1 kleine frische Ananas
2 EL Butter
500 g Sauerkraut
1 TL Kräutersalz
8 EL Sahne
6 gehackte Walnusskernhälften
100 g geriebener Käse, 45 % Fett i. Tr. (z. B. Gouda)

1. Die Champignons putzen, mit einem feuchten Tuch vorsichtig abreiben und in Scheiben schneiden. Die Zwiebel schälen und fein würfeln. Von der Ananas Schopf und Boden abschneiden und die Frucht schälen. Die Ananas längs vierteln, die Innenstrünke herausschneiden und das Fruchtfleisch in kleine Würfel schneiden.

2. Die Butter in einer Pfanne schmelzen lassen und die Pilze zusammen mit den Zwiebelwürfeln darin leicht andünsten.

3. Das Sauerkraut etwas zerpflücken und kleinschneiden. Zusammen mit der Ananas zu den Pilzen geben. Alles mit Kräutersalz leicht würzen und die Sahne darunterrühren.

4. Das Gemüse etwa 10 Minuten unter Rühren dünsten. In der Zwischenzeit den Backofen auf 200 °C vorheizen.

5. Das Gemüse in eine Auflaufform geben und mit den gehackten Walnusskernen bestreuen. Den Käse daraufstreuen. Das Ganze im Ofen auf der mittleren Schiene in etwa 1/4 Stunde überbacken.

Italienischer Bohneneintopf

Eiweiß

Zubereitungszeit: ca. 40 Minuten
ca. 260 kcal je Portion

Zutaten für 2 Portionen
400 g grüne Bohnen
etwas Meersalz
1 Zweig Bohnenkraut
1 Zwiebel
1 Knoblauchzehe
1 große rote Paprikaschote
4 vollreife Tomaten
1 Zucchini (150 g)
100 g kleine Champignons
2 EL kalt gepresstes Olivenöl
1/4 l Gemüsebrühe (aus Instantpulver)
1 TL gerebelter Thymian
1 TL gerebelter Oregano
50 g saure Sahne

1. Die Bohnen putzen und abfädeln. In wenig leicht gesalzenem Wasser bei mäßiger Hitze in etwa 1/4 Stunde zugedeckt bissfest garen. Mit dem Bohnenkraut würzen.

2. Die Zwiebel und den Knoblauch schälen und beides in Streifen schneiden. Die Paprikaschote in schmale Streifen schneiden.

3. Die Tomaten in kleine Würfel schneiden. Die Zucchini längs halbieren und in Scheiben schneiden. Die Pilze halbieren.

4. Das Öl in einer Pfanne erhitzen und Zwiebel sowie Knoblauch darin anbraten.

5. Paprikastreifen, Zucchini, Pilze und Tomatenwürfel hinzufügen, kräftig anbraten und mit der Brühe ablöschen. Mit Thymian, Oregano und Kräutersalz würzen. Zugedeckt etwa 8 Minuten bei geringer Hitze schmoren lassen. Die Bohnen abgießen und zum Gemüse geben. Das nicht mehr kochende Gemüse mit der sauren Sahne verfeinern.

Gebackene Tomaten mit Fetafüllung

Eiweiß

Zubereitungszeit: ca. 1 Stunde
ca. 620 kcal je Portion

Zutaten für 2 Portionen
4 mittelgroße Fleischtomaten
1 Knoblauchzehe
1 Zwiebel
1 milde frische Peperoni
16 schwarze Oliven
2 EL kalt gepresstes Olivenöl
200 g milder Feta
50 g Sahne
1 1/2 TL Gemüsebrühe (Instantpulver)
1 TL gerebelter Oregano
10 Basilikumblättchen

1. Die Tomaten waschen, oben jeweils einen Deckel abschneiden und die Kerngehäuse mit einem Löffel herausschaben. Das herausgelöste Fruchtfleisch durch ein Sieb geben und den Saft dabei auffangen.

2. Zwiebel und Knoblauch schälen und sehr fein hacken. Die Peperoni längs halbieren und die Kernchen herauskratzen. Die Oliven entkernen. Peperoni und Oliven in kleine Würfel schneiden.

3. Den Backofen auf 170 °C vorheizen. Das Olivenöl in einer Pfanne erhitzen und Zwiebel-, Knoblauch-, Peperoni- sowie Olivenwürfel darin kurz andünsten.

4. Den Feta grob zerdrücken. Die Hälfte der Zwiebelmischung darunterrühren. Die Masse in die Tomaten füllen und die Deckel aufsetzen.

5. Den aufgefangenen Tomatensaft mit der restlichen Zwiebelmischung, der Sahne und 75 ml Wasser verrühren. Mit der Brühe und dem Oregano würzen.

6. Die Sauce in eine feuerfeste Form gießen und die gefüllten Tomaten hineinsetzen. Im Backofen 20 bis 25 Minuten garen. Mit den Basilikumblättchen garnieren.

Überbackene Champignon-Paprika-Kartoffeln

Kohlenhydrat

Zubereitungszeit: ca. 1 Stunde
ca. 380 kcal je Portion

Zutaten für 2 Portionen
4 Kartoffeln à 150 g
1 große Zwiebel
200 g Champignons
2 rote Paprikaschoten
1 grüne Paprikaschote
2 TL Butter
1 EL Gemüsebrühe-Instantpulver
1 TL gerebelter Oregano
1 TL Butter für die Form
125 g Mozzarella
2 EL saure Sahne
1 EL Majoranblättchen

1. Die Kartoffeln waschen und mit Wasser knapp bedeckt etwa 16–18 Minuten kochen. Danach abgießen und vollständig auskühlen lassen.

2. In der Zwischenzeit die Zwiebel schälen und in Ringe schneiden. Die Champignons putzen und in Scheiben schneiden. Die Paprikaschoten waschen, halbieren, entkernen und die Stielansätze herausschneiden. Das Fruchtfleisch dann in kleine Würfel schneiden.

3. Die Butter in einer Pfanne schmelzen lassen und die Zwiebelringe, die Champignons sowie die Paprikawürfel darin anbraten. Das Ganze mit der Gemüsebrühe und dem Oregano würzen. Den Backofen anschließend auf 200 °C vorheizen.

4. Die Kartoffeln der Länge nach halbieren und mit einem Ausstecher oder einem Teelöffel aushöhlen. Die Kartoffelhälften in eine gefettete feuerfeste Form setzen und einen Teil des Gemüses vorsichtig in die Aushöhlungen füllen.

5. Den Käse würfeln und auf die Füllung streuen. Die Kartoffeln im Backofen etwa 1/4 Stunde schön goldgelb überbacken.

6. Das restliche Gemüse mit der sauren Sahne verrühren und zusammen mit den Kartoffeln servieren. Die Majoranblättchen darüberstreuen.

Spaghetti in Mandelsauce

Kohlenhydrat

Zubereitungszeit: ca. 30 Minuten
ca. 780 kcal je Portion

Zutaten für 2 Portionen
200 g Spaghetti
etwas Meersalz
1 Bund kleine Schalotten
10 Knoblauchzehen
2 EL kalt gepresstes Olivenöl
4 EL Mandelblättchen
1 Msp. Chilipulver
1 TL Kräutersalz
80 ml Sahne
2 EL Petersilie

1. Die Nudeln in reichlich leicht gesalzenem Wasser in etwa 10 Minuten bissfest garen. Sie dann abgießen und gut abtropfen lassen.

2. In der Zwischenzeit die Schalotten putzen, schälen und klein würfeln. Die Knoblauchzehen schälen und in dünne Scheiben schneiden.

3. Das Öl in einer Pfanne nicht zu stark erhitzen und die Knoblauchscheiben darin unter Rühren goldgelb braten. Die Schalotten und die Mandeln dazugeben und alles kurz schmoren lassen.

4. Anschließend die Nudeln mit der Knoblauch-Mandel-Sauce mischen und pikant mit dem Chilipulver und dem Kräutersalz würzen.

5. Zum Schluss die Sahne angießen und alles noch einmal erwärmen. Mit der Petersilie bestreuen und sofort servieren.

Tipp

Zum Kartoffelgratin passt sehr gut der auf Seite 55 beschriebene Paprikasalat.

Kartoffelgratin

Kohlenhydrat

Zubereitungszeit: ca. 35 Minuten
Backzeit: ca. 20 Minuten
ca. 410 kcal je Portion

Zutaten für 2 Portion
400 g kleine Kartoffeln (fest kochend)
2 frische Zweige Majoran
150 ml Gemüsebrühe (aus Instantpulver)
150 ml Sahne
1/2 TL Chilipulver
Kräutersalz
120 g Mozzarella

1. Die Kartoffeln abbürsten und in der Schale garen. Die Pellkartoffeln abkühlen lassen, pellen und in Scheiben schneiden. Die Kartoffeln dachziegelartig in eine flache Auflaufform schichten und den Ofen auf 175 °C vorheizen.

2. Den Majoran fein hacken. Die Gemüsebrühe mit der Sahne mischen, den Majoran und das Chilipulver hineinrühren. Mit Kräutersalz pikant würzen. Die Sauce über die Kartoffeln gießen.

3. Den Käse klein schneiden und gleichmäßig auf den Kartoffeln verteilen. Das Gratin im Ofen auf der mittleren Schiene etwa 20 Minuten backen.

Paprika-Mais-Zwiebel-Salat

Neutral

Zubereitungszeit: ca. 25 Minuten
180 kcal je Portion

Zutaten für 2 Portionen
je 1 rote, gelbe und grüne Paprika
1/2 Gemüsezwiebel
125 g Mais
1 1/2 EL Obstessig
150 ml Wasser
1 EL kalt gepresstes Olivenöl
1 TL Kräutersalz
1/2 Bund Basilikum
3 Zweige glattblättrige Petersilie

1. Die Paprikaschoten in schmale Spalten schneiden. Die Gemüsezwiebel in dünne Ringe schneiden, dann kurz in kochendem Wasser blanchieren.

2. Die Paprikaspalten mit den Zwiebelringen und dem Mais in eine Schüssel geben und alles mischen.

3. Für die Sauce den Essig mit Wasser und Öl verrühren und mit Kräutersalz würzen. Das Basilikum fein schneiden. Zu der Sauce geben und unterrühren.

4. Die Sauce über die Paprika-Zwiebel-Mais-Mischung gießen, alles sorgfältig mischen. Den Paprikasalat auf 2 Tellern verteilen und mit der abgezupften Petersilie garnieren.

Basmatireis mit Pistazien

Kohlenhydrat

Zubereitungszeit: ca. 1 Stunde
ca. 620 kcal je Portion

Zutaten für 2 Portionen
1 kleine Zwiebel
2 EL Sonnenblumenöl
120 g Basmatireis
1/2 TL Currypulver
300 ml Gemüsebrühe (aus Instantpulver)
1/2 TL Kurkuma
1/4 TL Ingwerpulver
6 ungeschwefelte, getrocknete Apfelringe
2 EL ungeschwefelte Rosinen
etwas Meersalz
10 geschälte Mandeln
2 EL geschälte Pistazien

1. Die Zwiebel schälen und würfeln. Das Öl in einem Topf erhitzen und die Zwiebelstücke darin anschwitzen. Sobald sie glasig werden, den Reis dazugeben und kurz anbraten.

2. Den Curry darauf stäuben, unter Rühren ganz kurz mitrösten und dann mit der Brühe ablöschen. Kurkuma und Ingwer dazugeben und alles einmal aufkochen. Den Reis zugedeckt etwa 5 Minuten köcheln lassen.

3. In der Zwischenzeit die Apfelringe etwa 1 cm groß würfeln. Die Stücke nach etwa 5 Minuten mit den Rosinen in den Topf geben. Alles weitere bei schwacher Hitze garen. Dabei einige Male umrühren.

4. Das Risotto sollte am Ende der Garzeit die Kochflüssigkeit gerade aufgesogen haben. Sollte noch zu viel Flüssigkeit im Topf sein, kurz vor Ende der Garzeit den Deckel öffnen und das Wasser verdampfen lassen. Sollte der Reis noch nicht gar, die Flüssigkeit jedoch schon komplett aufgenommen sein, geben Sie esslöffelweise noch etwas Wasser dazu.

5. Die Mandeln halbieren. Das Risotto je nach Geschmack noch mit etwas Meersalz abschmecken und auf 2 Tellern anrichten. Die Pistazien und die Mandeln darauf verteilen.

Pilzhirsotto

Kohlenhydrat

Zubereitungszeit: ca. 3/4 Stunde
ca. 350 kcal je Portion

Zutaten für 2 Portionen
100 g Hirse
1 TL Meersalz
1/2 TL Safranpulver
1 Zwiebel
350 g Austernpilze
1 1/2 EL kalt gepresstes Olivenöl
1 EL Gemüsebrühe-Instantpulver
1/2 EL Kräutersalz
1 Msp. geriebene Muskatnuss
2 EL saure Sahne
12 Kirschtomaten
10 Basilikumblättchen

1. Die Hirse mit heißem Wasser abspülen. Danach zusammen mit 1/2 l Wasser, dem Salz und dem Safran in einem Topf aufkochen und zugedeckt bei milder Hitze in etwa 20 Minuten ausquellen lassen.

2. In der Zwischenzeit die Zwiebel schälen und in schmale Streifen schneiden. Die Pilze putzen, mit einem feuchten Tuch vorsichtig abreiben und in Streifen schneiden.

3. Das Olivenöl in einer Pfanne erhitzen. Zwiebel und die Pilze darin 5 bis 8 Minuten bei mittlerer Hitze unter Rühren braten. Mit der Brühe und dem Kräutersalz würzen.

4. Die abgetropfte Hirse unter die Pilze heben. Das Ganze mit wenig Muskat würzen. Die saure Sahne daruntermischen.

5. Die Tomaten waschen und halbieren. Das Hirsotto mit den Tomaten und dem Basilikum garnieren.

Nudelauflauf mit Schafskäse

Kohlenhydrat

Zubereitungszeit: ca. 45 Minuten
ca. 710 kcal je Portion

Zutaten für 2 Portion
150 g Vollkorn-Rigatoni
1/2 TL Meersalz
200 g Lauch
1 rote Paprikaschote
1 Zucchini
2 EL kalt gepresstes Olivenöl
1 TL getr. Oregano
1/2 TL Chilipulver
220 ml Gemüsebrühe (aus Instantpulver)
80 ml Sahne
1 Eigelb
1/2 TL geriebene Muskatnuss
2 EL gehackte schwarze Oliven
100 g Schafskäse

1. Die Nudeln in reichlich Salzwasser in etwa 10 Minuten bissfest garen. Sie dann abgießen und gut abtropfen lassen.

2. Inzwischen den Lauch putzen, waschen, der Länge nach vierteln und in 4 cm lange Stücke schneiden. Die Paprikaschote waschen, halbieren, putzen und in Streifen schneiden. Die Zucchini putzen, waschen und in Stifte schneiden.

3. Den Backofen auf 200 °C (Umluft 170 °C, Gas Stufe 3) vorheizen. Das Öl in einer Pfanne nicht zu stark erhitzen und das Gemüse unter Rühren darin einige Minuten andünsten. Mit Oregano und Chilipulver pikant würzen.

4. Anschließend die gekochten Nudeln mit dem Gemüse in eine mittelgroße Auflaufform schichten. Die Gemüsebrühe mit der Sahne sowie dem Eigelb verquirlen und mit Muskatnuss würzen. Die Sauce über die Nudeln gießen.

5. Die gehackten Oliven unter die Nudelmasse mischen. Den Schafskäse würfeln und über den Auflauf geben. Alles im Ofen auf der mittleren Schiene etwa 20 Minuten überbacken.

Gebratene Nudeln mit Feldsalat

Kohlenhydrat

Zubereitungszeit: ca. 40 Minuten
ca. 790 kcal je Portion

Zutaten für 2 Portion
200 g spiralförmige Nudeln
etwas Meersalz
1 dicke Gemüsezwiebel
1 rote Paprikaschote
2 EL Sonnenblumenöl
1 TL Kräutersalz
100 g Greyerzerkäse,
60 % Fett i. Tr.
200 g Feldsalat
1 kleine Zwiebel
1 EL kalt gepresstes Olivenöl
2 EL saure Sahne
1 EL Obstessig
2 EL Petersilie
8 Kirschtomaten

1. Die Nudeln in leicht gesalzenem Wasser in etwa 10 Minuten bissfest garen. Sie abgießen und gut abtropfen lassen.

2. In der Zwischenzeit die Zwiebel schälen und in Spalten schneiden. Die Paprikaschote waschen, entkernen und in kleine Rauten schneiden.

3. Zwiebeln und Paprika in heißem Öl andünsten. Dann die Nudeln hinzufügen. Alles leicht salzen und kräftig anbraten.

4. Den Käse in Scheiben schneiden und auf die Nudel-Gemüse-Mischung legen. Bei geringer Hitze so lange dünsten, bis der Käse geschmolzen ist.

5. Inzwischen den Salat putzen, waschen, abtropfen lassen und auf 2 Tellern verteilen. Für die Salatsauce die Zwiebel schälen und fein hacken. Sie mit Olivenöl, 80 ml Wasser, Sahne, Obstessig, etwas Salz und der gehackten Petersilie verrühren.

6. Die Kirschtomaten waschen und halbieren. Die Sauce über den Salat gießen, mit den Tomaten garnieren und zu den Nudeln servieren.

Risotto mit Steinpilzen

Kohlenhydrat

Zubereitungszeit: ca. 45 Minuten
ca. 410 kcal je Portion

Zutaten für 2 Portionen
5 g getrocknete Steinpilze
150 g frische Steinpilze
1 kleine Zwiebel
1 EL Butter
150 g Rundreis (Arborio)
450 ml Gemüsebrühe (aus Instantpulver)
50 g Schafskäse
1 EL Petersilie

1. Die getrockneten Steinpilze etwa 30 Minuten in 50 ml lauwarmem Wasser einweichen. Sie dann herausnehmen, das Einweichwasser verwahren und die Pilze fein würfeln. Die frischen Pilze mit Küchenkrepp abreiben und in Scheiben schneiden.

2. Die Zwiebel schälen und fein hacken. Die Butter in einem Topf zerlassen und die Zwiebel darin glasig dünsten. Die Pilze hinzufügen und kurz mitdünsten. Den Reis hineingeben und alles gut verrühren.

3. Die Brühe portionsweise dazugießen. Jeweils verkochen lassen und dann erst Brühe nachgießen. Diesen Vorgang so lange wiederholen, bis der Reis bissfest gegart ist. Zum Schluss Schafskäse und gehackte Petersilie unter den Reis mischen.

Tipp

Essen Sie zu dem Risotto einen frischen Blattsalat aus der neutralen Gruppe.

Gemüsepaella

Kohlenhydrat

Zubereitungszeit: ca. 1 Stunde
ca. 650 kcal je Portion

Zutaten für 2 Portion
1 kleine Zucchini
1 rote Paprikaschote
125 g kleine Champignons
1 Zwiebel
1 Knoblauchzehe
6 EL kalt gepresstes Olivenöl
100 g Basmati- oder Vollkorn-Langkornreis
1/2 TL Safranpulver
300 ml Gemüsebrühe (aus Instantpulver)
1/2 Aubergine
2 TL Meersalz
4 EL TK-Erbsen
12 geschälte Mandeln
12 schwarze Oliven
1 TL Kräutersalz
1 Bund glattblättrige Petersilie

1. Die Zucchini putzen, waschen und in fingerdicke Stifte schneiden. Die Paprikaschote waschen, vierteln, putzen und in schmale Streifen schneiden. Die Champignons mit Küchenkrepp abreiben und putzen.

2. Die Zwiebel und den Knoblauch schälen und beides fein würfeln. 2 Esslöffel Öl in einer hohen Pfanne erhitzen und Zwiebel sowie Knoblauch darin glasig dünsten.

3. Den Reis dazugeben und kurz mitbraten. Den Safran darüber stäuben, das restliche Gemüse und die Pilze hinzufügen. Alles unter Rühren schmoren lassen.

4. Dann die Reismischung mit der Gemüsebrühe ablöschen und bei mittlerer Hitze etwa 25 Minuten garen.

5. Inzwischen die Aubergine waschen und in 1 cm breite Scheiben schneiden, diese mit Salz bestreuen und 10 Minuten ziehen lassen. Trockentupfen und in einer weiteren Pfanne in 4 Esslöffeln Öl von jeder Seite braun braten.

6. Die Erbsen, die Mandeln und die Oliven zur Paella geben und alles etwa 5 Minuten weitergaren bis die Flüssigkeit fast ganz aufgesogen ist. Mit Kräutersalz würzen.

7. Zum Schluss die Auberginenscheiben dekorativ auf die Paella setzen. Mit der gewaschenen Petersilie garnieren und in der Pfanne servieren.

Polenta mit Champignons

Kohlenhydrat

Zubereitungszeit: ca. 40 Minuten
ca. 450 kcal je Portion

Zutaten für 2 Portionen
300 ml Gemüsebrühe (aus Instantpulver)
100 g Maisgrieß
500 g Champignons
1 Bund Frühlingszwiebeln
1 Knoblauchzehe
1 EL kalt gepresstes Olivenöl
1/2 TL Kräutersalz
2 TL gehackter Thymian
etwas Butter für die Form
100 g Speisequark (20 % Fett i. Tr.)
1/2 TL geriebene Muskatnuss
120 g Mozzarella

1. Die Gemüsebrühe in einem Topf zum Kochen bringen und den Maisgrieß hineinstreuen. Den Grieß etwa 20 Minuten bei kleiner Hitze zugedeckt quellen lassen. Nach 10 Minuten den Backofen auf 200 °C vorheizen.

2. Inzwischen die Champignons waschen, putzen und in dünne Scheiben schneiden. Die Frühlingszwiebeln waschen, putzen und in Ringe schneiden. Den Knoblauch schälen und durch die Presse drücken.

3. Das Öl in einer großen Pfanne erhitzen. Die Champignons zusammen mit den Zwiebeln und dem Knoblauch 7 bis 8 Minuten dünsten, bis die Flüssigkeit fast verdampft ist. Alles mit Kräutersalz und Thymian würzen.

4. Eine flache Auflaufform (20 cm Ø) dünn mit Butter ausfetten. Den Quark unter den gequollenen Maisgrieß rühren und die Masse mit Muskat abschmecken.

5. Die Polenta in die Form füllen und glatt streichen. Die gedünsteten Champignons darauf verteilen. Den Mozzarella in Würfelchen schneiden und ebenfalls darauf legen. Die Polenta etwa 15 Minuten im Backofen auf der mittleren Schiene backen, bis der Käse gut verlaufen ist.

Zucchinigemüse mit knuspriger Käsekruste

Kohlenhydrat

Zubereitungszeit: ca. 45 Minuten
ca. 680 kcal je Portion

Zutaten für 2 Portionen
4 Scheiben Vollkorntoastbrot
2 Zwiebeln
1 Knoblauchzehe
3 EL kalt gepresstes Olivenöl
fein abgeriebene Schale von 1/2 unbehandelten Zitrone
700 g Zucchini
1 1/2 EL Butter
1 EL Gemüsebrühe-Instantpulver
50 g Sahne
100 g Butteräse (60 % Fett i. Tr.)
5 Blättchen Petersilie

1. Das Toastbrot in kleine Würfel schneiden. Die Zwiebeln fein würfeln. Den Knoblauch durch eine Presse drücken.

2. Das Öl in einer Pfanne erhitzen und die Brotwürfel, die Hälfte der Zwiebeln und den Knoblauch darin rösten. Anschließend beiseitestellen und die Zitronenschale darunterrühren. Den Backofen auf 175 °C vorheizen.

3. Die Zucchini in dünne Scheiben hobeln. Die Butter in einer Pfanne schmelzen lassen und die restlichen Zwiebelwürfel darin glasig dünsten.

4. Die Zucchinischeiben hinzufügen, mit der Gemüsebrühe leicht würzen und die Sahne darunterrühren. Das Gemüse etwa 5 Minuten zugedeckt dünsten. Zwischendurch wenden.

5. Das Gemüse in eine Auflaufform geben und die Brotwürfel-Zwiebel-Mischung darüberstreuen. Den Käse in feine Streifen schneiden und darauf legen. Im Backofen etwa 1/4 Stunde überbacken. Mit der gewaschenen Petersilie garnieren.

Zwiebelkuchen

Kohlenhydrat

Zubereitungszeit: ca. 1 Stunde
Backzeit: ca. 35 Minuten
ca. 480 kcal je Portion

Zutaten für 4 Portionen
Für den Teig:
25 g frische Hefe
200 g feines Dinkel- oder Weizenvollkornmehl
1/2 TL Meersalz
1 TL kalt gepresstes Sonnenblumenöl
etwas Butter für die Springform
Für den Belag:
1 kg Gemüsezwiebeln
1 EL Pflanzenöl
100 g Sahne
2 Eigelbe
80 g Käse (Greyezer)
1/2 TL geriebene Muskatnuss
1 Msp. Cayennepfeffer
1 TL Kräutersalz
1 TL Kümmel
1 TL Koriander

1. Die Hefe in 130 ml warmem Wasser auflösen und mit der Hälfte des Vollkornmehls zu einem Vorteig verrühren. Ihn etwa 20 Minuten zugedeckt an einem warmen Ort gehen lassen.

2. Anschließend das restliche Mehl, das Meersalz und das Öl hinzufügen und alles zu einem geschmeidigen Teig verkneten. Ihn zugedeckt an einem warmen Ort so lange gehen lassen, bis sich sein Volumen verdoppelt hat (dies dauert in der Regel etwa 20 Minuten).

3. In der Zwischenzeit die Zwiebeln in feine Ringe schneiden. Das Öl in einer Pfanne erhitzen und die Zwiebelringe darin glasig dünsten.

4. Die Sahne mit 50 ml Wasser mischen, mit den Eigelben verquirlen.

5. Den Käse in kleine Würfel schneiden und zu der Sahne-Ei-Mischung geben. Mit Muskatnuss, Cayennepfeffer, Kräutersalz, Kümmel und Koriander würzen.

6. Die Sahnesauce zu den Zwiebeln gießen und alles gut verrühren.

7. Den Backofen auf 180 °C vorheizen. Den Teig nochmals kurz durchkneten, eine mit Butter gefettete Springform (26 cm Ø) damit auslegen und den Teig am Rand etwas hoch drücken.

8. Die Zwiebelmischung gleichmäßig auf dem Teigboden verteilen, die Springform in den Ofen stellen und den Zwiebelkuchen in etwa 35 Minuten goldgelb backen.

Kartoffel-Möhren-Bratlinge mit Nüssen

Foto auf dem Buchumschlag vorne

Kohlenhydrat

Zubereitungszeit: ca. 20 Minuten
ca. 500 kcal je Portion

Zutaten für 2 Portionen
3 Möhren
1 Zwiebel
1 EL Butter
1–2 Knoblauchzehen
300 g Pellkartoffeln vom Vortag
1 Eigelb
2 EL gehackte Haselnüsse (30 g)
Pfeffer
Meersalz
1 TL Majoran
2 EL Vollkornsemmelbrösel
2–3 EL Öl

1. 2 Möhren schälen, klein schneiden und kochen.

2. Die Zwiebel schälen und in dünne Ringe schneiden. Die rohe Möhre schälen und in schmale Streifen schneiden.

3. Die Butter in einer Pfanne zerlassen und die Zwiebelringe zusammen mit den Möhrenstreifen braten, dann beiseitestellen. Den Knoblauch schälen und fein hacken.

4. Die Kartoffeln pellen und grob reiben. Die gekochten Möhren mit einer Gabel grob zerdrücken.

5. Kartoffeln, Möhre, Eigelb und Nüsse in einer Schüssel mischen. Mit Pfeffer, Salz, Knoblauch und Majoran würzen.

6. Aus dem Teig 6 Bratlinge formen und in den Semmelbröseln wenden. Das Öl in einer Pfanne erhitzen und die Bratlinge darin von beiden Seiten je 5 Minuten braten. Zusammen mit den gebratenen Zwiebeln und Möhrenstreifen garniert servieren.

Tipp

Essen Sie einen neutralen Salat dazu.

Blumenkohlcurry

Kohlenhydrat

Zubereitungszeit: ca. 45 Minuten
ca. 650 kcal je Portion

Zutaten für 2 Portionen
100 g Hirse
1/2 l Gemüsebrühe (aus Instantpulver)
250 g Möhren
1/2 Blumenkohl
1 Zwiebel
1 1/2 EL Butter
5 EL ungeschwefelte Rosinen
1 kleine rote Chilischote
2 TL Currypulver
1 große Banane
50 g Kokosraspeln
1 TL Kräutersalz
6 Minzeblättchen

1. Die Hirse in heißem Wasser waschen. Sie danach in der Brühe zugedeckt bei geringer Hitze 25 bis 30 Minuten köcheln lassen. Zwischendurch umrühren.

2. Inzwischen die Möhren putzen, schälen und in dünne Scheiben schneiden. Den Blumenkohl waschen, putzen und in kleine Röschen zerteilen. Die Zwiebel schälen und fein würfeln.

3. Die Butter in einem großen Topf erhitzen und die Zwiebel darin glasig dünsten. Möhren und Blumenkohl dazugeben und kurz mit dünsten. Anschließend 200 ml Wasser dazugießen und das Ganze 12 bis 15 Minuten zugedeckt dünsten.

4. Die Rosinen heiß abspülen und zusammen mit der gewaschenen, fein gewürfelten Chilischote zum Gemüse geben. Das Currypulver darunter mischen und alles kurze Zeit ziehen lassen. Dann die gegarte, leicht abgetropfte Hirse darunterrühren.

5. Die Banane schälen und in Scheiben schneiden. Zusammen mit den Kokosraspeln vorsichtig unter das Gemüse heben. Mit dem Kräutersalz würzen und mit den gewaschenen Minzeblättchen garnieren.

Bratkartoffeln mit Spinatnocken

Kohlenhydrat

Zubereitungszeit: ca. 1 Stunde
ca. 540 kcal je Portion

Zutaten für 2 Portionen
Für die Kartoffeln:
400 g gegarte Pellkartoffeln
2 EL Keimöl
Für den Spinat:
1 kg frischer Spinat
1 Vollkornbrötchen (in Wasser eingeweicht)
1 kleine Zwiebel
3 EL Butter
1 EL Vollkornmehl
6–7 EL Wasser
etwas Meersalz
1 Msp. Muskat

1. Die Kartoffeln pellen und in Würfel schneiden. Das Öl in einer beschichteten Pfanne erhitzen und die Kartoffelwürfel darin bei schwacher Hitze rösten. Mit Pfeffer und Salz würzen.

2. Den Spinat verlesen und waschen. Die Stiele abschneiden. Die Blätter in kochendem Wasser etwa 3 Minuten garen, in ein Sieb gießen, kurz mit kaltem Wasser abschrecken. Die Blätter gut ausdrücken und dann durch den Fleischwolf drehen.

3. Das ausgedrückte Vollkornbrötchen und die Zwiebel ebenfalls durch den Fleischwolf drehen und zu der Spinatmasse geben.

4. Die Butter in einem Topf zerlassen, das Mehl darin kurz anschwitzen. Mit Wasser auffüllen. Dann die Spinatmasse unterheben. Mit Meersalz und Muskat abschmecken, unter Rühren aufkochen lassen.

5. Mit Hilfe zweier Esslöffel Nocken formen. Zusammen mit den Bratkartoffeln servieren.

TIPP

Servieren Sie die Bratkartoffeln mit einem Klecks saure Sahne und etwas Dill. Die Spinatfüllung kann man auch für Maultaschen verwenden. Dann gehört noch Knoblauch dazu.

Gebackene Kartoffelschiffchen mit Gemüsequark

Kohlenhydrat

Zubereitungszeit: ca. 40 Minuten
ca. 440 kcal je Portion

Zutaten für 2 Portionen
450 g kleine fest kochende Kartoffeln
3 EL kalt gepresstes Olivenöl
etwas Kräutersalz
1 Msp. Cayennepfeffer
etwas edelsüßes Paprikapulver
250 g Quark (20 % Fett i. Tr.)
etwas Meersalz
6 EL Mineralwasser
10 Radieschen
3 EL Radieschensprossen (oder eine Sprossenmischung)
1 Stück Salatgurke (ca. 6 cm)
1/2 Bund Dill
5 Borretschblätter

1. Den Ofen auf 180 °C vorheizen. Die Kartoffeln gründlich waschen, abbürsten und ungeschält in etwa 2 cm dicke Spalten schneiden.

2. Öl, Kräutersalz, Cayennepfeffer und Paprikapulver zu einer Marinade verrühren. Die Kartoffelspalten an den Schnittflächen damit einpinseln. Die Stücke auf ein Backblech setzen, 35 bis 40 Minuten backen. In der Zwischenzeit den Quark in eine Schüssel geben, mit Salz abschmecken und mit dem Mineralwasser glatt rühren. Das Ganze auf 2 Schüsseln verteilen.

3. Die Radieschen und die Radieschensprossen waschen. Die Sprossen in ein Sieb geben und abtropfen lassen. Die Radieschen putzen und in 3 mm dicke Scheiben schneiden. Diese anschließend in Stifte schneiden und unter eine Hälfte des Quarks heben.

4. Die Gurke waschen, schälen und in kleine Stifte schneiden. Die Kräuter waschen, trocken tupfen und die groben Stiele entfernen. Die Blätter sehr fein hacken und mit den Gurkenstücken unter die zweite Quarkhälfte heben.

5. Nach etwa 35 Minuten Backzeit prüfen, ob die Kartoffeln gar sind. Sie anschließend auf 2 Teller verteilen, die beiden Quarksorten daneben anrichten. Den Radieschenquark mit den Sprossen und dünnen Radieschenscheiben garnieren und den Gurkenquark mit frischen Kräutern anrichten.

Rosenkohl mit Kartoffelpüree

Kohlenhydrat

Zubereitungszeit: ca. 1/2 Stunde
ca. 400 kcal je Portion

Zutaten für 2 Portionen
400 g Kartoffeln
500 g Rosenkohl
etwas Meersalz
3 EL Wasser
50 g Speisequark (20 % Fett i. Tr.)
1/2 TL geriebene Muskatnuss
1/2 TL Kräutersalz
2 EL Schnittlauchröllchen
1 1/2 Butter
2 EL gehackte Walnusskerne

1. Die Kartoffeln schälen, waschen, vierteln und in etwas Wasser gar kochen. Den Rosenkohl waschen, putzen und in etwas leicht gesalzenem Wasser in etwa 10 Minuten bissfest garen.

2. Die Kartoffeln zusammen mit 3 Esslöffeln Wasser, dem Quark, dem Muskat und dem Kräutersalz pürieren. Den Schnittlauch darunterrühren.

3. Den Rosenkohl abgießen und abtropfen lassen. Die Butter in einem Topf schmelzen lassen und die Walnusskerne kurz darin rösten. Den Rosenkohl dazugeben und mit der Nussbutter mischen. Den Rosenkohl zum Kartoffelpüree servieren.

Spiegeleier auf buntem Paprikagemüse

Eiweiß

Zubereitungszeit: ca. 25 Minuten
ca. 460 kcal je Portion

Zutaten für 2 Portionen
Für das Gemüse:
2 gelbe Paprikaschoten
2 rote Paprikaschoten
2 Zwiebeln
2 EL Butter
2 TL Gemüsebrühe-Instantpulver
Für die Eier:
4 TL kalt gepresstes Sonnenblumenöl
4 frische Eier
etwas Meersalz
Außerdem:
1 Stängel Petersilie

1. Die Paprikaschoten halbieren, die Kerngehäuse entfernen, die Hälften waschen und das Fruchtfleisch in gleich große Streifen schneiden.

2. Die Zwiebeln schälen und grob würfeln. Die Butter in einer Pfanne erwärmen und die Zwiebelwürfel darin glasig dünsten.

3. Die Paprikastücke hinzufügen und alles etwa 5 Minuten dünsten. Danach mit der vegetarischen Brühe würzen.

4. In der Zwischenzeit das Öl in einer weiteren Pfanne erhitzen, die Eier hineinschlagen, braten lassen und mit dem Salz leicht würzen. Das Paprikagemüse zusammen mit den Spiegeleiern servieren und mit gewaschenen, abgezupften Petersilienbüscheln garnieren.

Rührei mit grünem Spargel

Eiweiß

Zubereitungszeit: ca. 20 Minuten
ca. 380 kcal je Portion

Zutaten für 2 Portionen
500 g grüner Spargel
etwas Meersalz
4 Eier
6 EL Sahne
1 Prise geriebene Muskatnuss
1–2 TL Butter

1. Das untere Drittel der Spargelstangen schälen und etwas kürzen. Den Spargel waschen und in etwa 3 cm lange Stücke schneiden. Die Spargelstücke in wenig Salzwasser in etwa 10 Minuten bissfest garen.

2. In der Zwischenzeit die Eier mit der Sahne verquirlen und mit Salz sowie Muskat würzen.

3. Die Butter in einer beschichteten Pfanne zerlassen. Die Eiermischung und den Spargel hinzugeben und alles unter Rühren stocken lassen.

Warenkunde

Grüner Spargel hat ein kräftigeres Aroma und benötigt eine etwas kürzere Garzeit als der weiße Spargel. Grüner Spargel braucht nicht bzw. kaum geschält zu werden.

Warenkunde

Verwenden Sie zum Abschmecken des Gerichts Bohnenkraut. Dieses Küchenkraut hat einen herbwürzigen, pfeffrigen Geschmack und eignet sich besonders gut zum Würzen eher deftiger Gerichte wie Suppen und Eintöpfe). Geben Sie frisches Bohnenkraut erst zum Ende der Garzeit ans Essen; getrocknetes muss dagegen mitgaren, damit sich sein Aroma entfalten kann.

Gebratene Bohnen mit Tomaten

Eiweiß

Zubereitungszeit: ca. 35 Minuten
ca. 180 kcal je Portion

Zutaten für 2 Portion
400 g Tomaten
1 Zwiebel
500 g grüne Bohnen
2 EL Butter
etwas Meersalz
2 EL gehackte Kräuter (z. B. Bohnenkraut, Basilikum)

1. Die Tomaten über Kreuz einritzen, mit kochendem Wasser überbrühen, mit kaltem Wasser abschrecken und die Haut abziehen. Tomaten vierteln, entkernen und die Stielansätze abschneiden. Anschließend das Fruchtfleisch in mittelgroße Würfel schneiden.

2. Die Zwiebel schälen und fein hacken. Die Bohnen putzen und in Stücke schneiden.

3. Die Butter in einem Topf zerlassen und nicht zu stark erhitzen. Die Zwiebelwürfel und die Bohnenstücke dazugeben und unter Rühren anbraten. Zugedeckt bei milder Hitze etwa 10 Minuten garen lassen. Bei Bedarf 2–3 Esslöffel Wasser hinzufügen.

4. Anschließend die Tomatenwürfel dazugeben, alles leicht salzen und das Gericht weitere 10 Minuten köcheln lassen. Zum Schluss mit den gehackten Kräutern bestreuen und servieren.

Feine Spinatsuppe

Neutral

Zubereitungszeit: ca. 30 Minuten
ca. 190 kcal je Portion

Zutaten für 2 Portionen
150 g frische Spinatblätter
1 Tasse frische Sauerampferblätter
1 Zwiebel
1 Knoblauchzehe
1 EL Butter
2 TL Gemüsebrühe-Instantpulver
1 Msp. Cayennepfeffer
4 EL Sahne

1. Spinatblatt und Sauerampfer putzen, waschen und grob hacken. Zwiebel und Knoblauchzehe schälen und in grobe Würfel schneiden. Die Butter in einem Topf zerlassen, Zwiebel- und Knoblauchwürfel darin glasig dünsten. Die Gemüseblätter hinzufügen, sie kurz zusammenfallen lassen und das Ganze mit 300 ml Wasser auffüllen.

2. Die Suppe mit Gemüsebrühe und Cayennepfeffer würzen und bei mäßiger Hitze im geschlossenen Topf etwa 8 Minuten köcheln lassen. Zum Schluss pürieren und die Sahne darunterziehen.

Brokkoli mit grüner Eiersauce

Eiweiß

Zubereitungszeit: ca. 45 Minuten
ca. 500 kcal je Portion

Zutaten für 2 Portion
500 g Brokkoli
Meersalz
4 Eier, hartgekocht und gepellt
1 Pk. Kräuter für grüne Sauce
250 g Quark, 20 % Fett
125 g Joghurt, 3,5 % Fett
1 TL Zitronensaft
1 EL kaltgepresstes Sonnenblumenöl
1 1/2 TL Kräutersalz

1. Den Brokkoli in kleine Röschen zerteilen. Die Stiele schälen und in kleine Stücke schneiden. Das Gemüse in wenig Salzwasser etwa 12 Minuten bissfest garen.

2. Die Kräuter waschen, trockenschütteln und sehr fein hacken. Den Quark mit Joghurt, Zitronensaft, Öl und Kräutersalz verrühren und die Kräuter untermischen.

3. 1 Ei in kleine Würfel schneiden und unter die Sauce heben. Die restlichen Eier halbieren. Den Brokkoli gut abtropfen lassen. Die Sauce darüber geben und mit den Eihälften servieren.

Artischocke mit Knoblauchdip

Neutral

Zubereitungszeit: ca. 25 Minuten
ca. 150 kcal je Portion

Zutaten für 2 Portionen
4 Artischocken
Meersalz
1 Zitronenhälfte
2 Knoblauchzehen
75 g Joghurt
75 g saure Sahne
1 TL gehakte Petersilie
1 TL Schnittlauchröllchen
1 Pr. Chilipulver
etwas Kräutersalz

1. Das obere Drittel der Artischocken abschneiden. Die Stiele mit den untersten Hüllblättern ebenfalls abschneiden. Die Schnittflächen der Artischocken mit der Zitrone einreiben und dann in reichlich Salzwasser 15 bis 20 Minuten kochen. Sie sind gar, wenn sich die Außenblätter mühelos abzupfen lassen.

2. Für den Dip den Knoblauch ungeschält in einer Pfanne ohne Fettzugabe rösten. Anschließend die Zehen aus der papierartigen Haut herauslösen und mit einer Gabel zerdrücken.

3. Joghurt, saure Sahne, Knoblauch, Kräuter und Chilipulver verrühren. Mit Kräutersalz abschmecken. Die Artischocken abtropfen lassen und mit dem Dip servieren.

Pochiertes Ei mit Tomatenquark

Eiweiß

Zubereitungszeit: ca. 15 Minuten
ca. 270 kcal je Portion

Zutaten für 1 Portion
2 EL Zitronensaft
2 Tomaten
100 g Quark (20 % Fett i. Tr.)
2 EL saure Sahne
1 1/2 EL Schnittlauchröllchen
1/2 TL Kräutersalz
etwas edelsüßes Paprikapulver
1 frisches Ei

1. Zunächst 1/4 l Wasser zusammen mit dem Zitronensaft zum Kochen bringen.

2. Inzwischen die Tomaten über Kreuz einritzen, kurz überbrühen, abschrecken, enthäuten und die Stielansätze herausschneiden. Die Tomaten halbieren, entkernen und das Fruchtfleisch in feine Würfel schneiden.

3. Die Tomatenwürfel mit Quark, saurer Sahne, 1 Esslöffel Schnittlauchröllchen, Kräutersalz und Paprikapulver verrühren.

4. Wenn das Wasser kocht, die Hitze reduzieren. Das Ei aufschlagen, in eine Tasse geben und vorsichtig in das leicht siedende Wasser gleiten lassen. Das Eiweiß mit zwei Löffeln an das Eigelb drücken und das Ei etwa 5 Minuten garen lassen.

5. Das Ei aus dem Wasser nehmen und abtropfen lassen. Es auf einen Teller geben, mit dem restlichen Schnittlauch bestreuen und zusammen mit dem Tomatenquark anrichten und sofort servieren.

Tipp

Der Tomatenquark ohne das pochierte Ei ist ein neutrales Gericht. Daher eignet er sich auch gut als Brotaufstrich.

Kleine Camemberthappen

Kohlenhydrat

Zubereitungszeit: ca. 1 Stunde
ca. 95 kcal je Stück

Zutaten für 15 Stück

Für den Teig:
125 g Quark (20 % Fett i. Tr.)
1 frisches Eigelb
50 g fein gemahlene Hirse
90 g feines Dinkelvollkornmehl
1/2 TL Meersalz
1 TL gerebelter Oregano
1/2 Bund Blattpetersilie

Für die Füllung:
ca. 60 g reifer Camembert
ca. 60 g Doppelrahmfrischkäse
3 Radieschen
1 1/2 EL Schnittlauchröllchen

Außerdem:
etwas weiche Butter für das Blech
1 kleines, frisches Eigelb
1–2 EL Sahne
1–2 EL Kümmelsamen

1. Den Quark zusammen mit dem Eigelb verrühren und nach und nach Dinkelvollkornmehl und die gemahlene Hirse hinzufügen. Den Teig mit Salz und Oregano würzen.

2. Den Backofen auf 180 °C vorheizen. Die Petersilie waschen, trocken tupfen, fein hacken und unter den Teig kneten.

3. Aus dem Teig etwa 15 kleine Kugeln formen, diese leicht flach drücken und auf ein gefettetes Backblech setzen.

4. Das Eigelb zusammen mit der Sahne verquirlen und die Küchlein damit bestreichen. Sie nach Belieben mit dem Kümmel bestreuen und auf der mittleren Schiene etwa 1/4 Stunde backen.

5. Inzwischen den Camembert mit der Gabel zerdrücken und den Frischkäse darunterrühren. Die Radieschen putzen, waschen, trocken reiben, in feine Würfel schneiden und zusammen mit dem Schnittlauch zur Käsecreme geben.

6. Die Küchlein aus dem Ofen nehmen, etwas auskühlen lassen, halbieren, mit der Käsemasse bestreichen und dann wieder zusammensetzen.

Variation

Statt Blauschimmelkäse können Sie auch Camembert oder Brie verwenden.

Käse-Salat-Brot

Kohlenhydrat

Zubereitungszeit: ca. 15 Minuten
ca. 345 kcal je Portion

Zutaten für 1 Portion
1/2 kleiner, mürber Apfel (z. B. Cox Orange)
2 Blätter Salat, z. B. Lollo rosso
1 Scheibe Vollkornbrot
2 TL saure Sahne
40 g Blauschimmelkäse (z. B. Cambozola oder Bavaria blue)
2 Walnusshälften
1 EL Schnittlauchröllchen

1. Den Apfel waschen, entkernen und in dünne Scheiben schneiden.

2. Die Salatblätter putzen; eventuell von harten Blattrippen befreien, waschen und trocken tupfen.

3. Die Brotscheibe mit der sauren Sahne bestreichen und zuerst mit den Salatblättern, dann mit den Apfelspalten und dem Käse belegen.

4. Das belegte Brot mit den Nusshälften und dem Schnittlauch garnieren.

Gemüseomelett

Eiweiß

> **Tipp**
>
> **Wenn Sie mehrere Omeletts backen wollen, dann können Sie sie im Backofen zugedeckt bei ca. 50 Grad bis zum Servieren warm halten.**

Zubereitungszeit: ca. 1/2 Stunde
ca. 380 kcal je Portion

Zutaten für 2 Portionen
200 g Brokkoli
1 kleine Zucchini
1 Möhre
1 rote Paprikaschote
4 Frühlingszwiebeln
100 g Zuckerschoten
2 EL kalt gepresstes Sonnenblumenöl
100 ml Gemüsebrühe (aus Instantpulver)
4 Eier
3 EL Milch
etwas Meersalz
2 EL Joghurt

1. Den Brokkoli in Röschen teilen. Die Zucchini und die Möhre in feine Scheiben, die Paprikaschote in Streifen schneiden. Die Frühlingszwiebeln in Ringe schneiden. Die Zuckerschoten halbieren.

2. 1 Esslöffel Öl in einer Pfanne erhitzen und das Gemüse darin andünsten. Die Brühe zufügen und das Ganze 10 Minuten köcheln lassen.

3. Die Eier mit Milch und Salz verquirlen. Das restliche Öl auf 2 Pfannen verteilen, erhitzen und jeweils die Hälfte der Eiermasse hineingeben. Darin stocken lassen. Dann jeweils wenden und von der anderen Seite ausbacken.

4. Das Gemüse abtropfen lassen, den Joghurt unterrühren und die Mischung auf den Omeletts verteilen.

Zucchinigemüse mit geräuchertem Tofu

Neutral

Zubereitungszeit: ca. 20 Minuten
ca. 280 kcal je Portion

Zutaten für 2 Portionen
2 mittelgroße Zucchini (ca. 500 g)
150 g Champignons
1 EL kalt gepresstes Olivenöl
100 g geräucherter Tofu, in Scheiben geschnitten
4 EL Sahne
3 EL gehackte, frische Kräuter (z. B. Petersilie)
$^1/_2$ TL Kräutersalz
etwas Cayennepfeffer

1. Die Zucchini waschen, putzen, der Länge nach in Scheiben schneiden. Die Champignons waschen, putzen und in Scheiben schneiden.

2. Das Öl in einer Pfanne erhitzen und das Gemüse unter Rühren darin andünsten. Es zugedeckt in etwa 10 Minuten bissfest garen.

3. Den Tofu in einer Pfanne mit etwas Fett braten, dann in Streifen schneiden, mit Sahne, Kräutern, Kräutersalz, Cayennepfeffer zum Gemüse geben. Das Ganze umrühren und noch etwa 2 Minuten weitergaren.

Folienkartoffeln

Kohlenhydrat

Quellzeit: ca. 8 Stunden
Zubereitungszeit: ca. ½ Stunde
Garzeit im Ofen: ca. 35 Minuten
ca. 750 kcal je Portion

Zutaten für 2 Portionen
40 g Dinkelkörner
4 Kartoffeln
4 TL kalt gepresstes Sonnenblumenöl
1 EL Kümmel, 1 TL Majoran
1 TL gehacktes Liebstöckel
1 Salatgurke
1 Avocado
1 Frühlingszwiebel
350 g Joghurt (3,5 % Fett)
etwas Kräutersalz nach Belieben
2 Knoblauchzehen
8 kleine Dillzweige

INFO

Unbewiesen ist, ob Knoblauch Ihr Blut vor Vampiren schützt – erwiesen ist jedoch, dass sein regelmäßiger Verzehr einen leicht erhöhten Blutdruck auf natürliche Weise senken kann.

1. Den Dinkel mit Wasser bedecken und über Nacht quellen lassen und am nächsten Tag im Einweichwasser bei geringer Hitze in etwa 25 Minuten garen.

2. Inzwischen die Kartoffeln gut abbürsten, mit wenig Wasser in einen Topf geben und etwa 8 Minuten lang vorgaren. Sie anschließend der Länge nach halbieren.

3. Die Schnittflächen mit dem Öl bestreichen und mit Kümmel, Majoran und Liebstöckel würzen. Den Grill vorheizen.

4. Die Hälften wieder zusammensetzen und jede Kartoffel in doppelte Alufolie wickeln (die matte Seite nach außen). Die Kartoffeln bei starker Hitze 30 bis 35 Minuten grillen.

5. Inzwischen den Dip zubereiten. Dafür die Gurke schälen und fein würfeln.

6. Die Avocado schälen, den Kern entfernen und das Fruchtfleisch in kleine Stücke schneiden. Die Frühlingszwiebel putzen und in sehr feine Ringe schneiden.

7. Den Joghurt mit dem Schneebesen glatt rühren und das vorbereitete Gemüse und den gekochten Dinkel hinzufügen. Alles mit Kräutersalz abschmecken und nach Belieben die Knoblauchzehe durch eine Presse dazudrücken.

8. Die Folien der Kartoffeln öffnen, die Kartoffeln längs einschneiden, etwas auseinanderdrücken und den Dip darauf verteilen. Mit dem Dill garnieren.

Gemüsetoast

Kohlenhydrat

Zubereitungszeit: ca. 25 Minuten
ca. 580 kcal je Portion

Zutaten für 1 Portion
1 Zwiebel
1 mittelgroße Stange Lauch
1 EL kalt gepresstes Sonnenblumenöl
1 TL Gemüsebrühe-Instantpulver
1 große Möhre
2 Scheiben Toast
2 EL gehackte Walnüsse
40 g Camembert

1. Die Zwiebel schälen, den Lauch putzen und beides in dünne Ringe schneiden. In einer kleinen Pfanne das Öl erhitzen, das Gemüse darin andünsten und mit der Instantbrühe würzen.

2. In der Zwischenzeit die Möhre schälen, waschen und in feine Stifte hobeln. Den Backofen auf 180 °C vorheizen.

3. Die Brotscheiben toasten und mit den gedünsteten Lauch- und Zwiebelringen belegen. Das Ganze mit den Möhrenraspeln und den gehackten Nüssen bestreuen.

4. Den Käse in schmale Streifen schneiden, auf den Broten verteilen und alles zusammen im Backofen etwa 8 Minuten überbacken.

Tipp

Essen Sie dazu einen kleinen neutralen Salat.

Grillspieße mit exotischer Sauce

Eiweiß

INFO

Der herb-würzige Geschmack des Ahornsirups ist nicht bei jedermann beliebt. Er ist jedoch nicht zu ersetzen, wenn es darum geht, exotischen Saucen mehr Geschmack zu verleihen.

Zubereitungszeit: ca. 35 Minuten
ca. 280 kcal je Portion

Zutaten für 2 Portionen
Für die Spieße:
1 kleine gelbe Paprikaschote
1 große Zwiebel
1 kleine Zucchini (ca. 80 g)
1 große Tomate
1 EL kalt gepresstes Olivenöl
1/2 TL Kräutersalz
Für die Sauce:
2 EL Sesamsamen
2 EL Kokosraspel
4 EL Limettensaft
6 EL Joghurt (3,5 % Fett)
2 TL Ahornsirup
etwas Meersalz
1/2 TL Cayennepfeffer
1/2 TL Kurkumapulver (Gelbwurz)
1/2 TL gemahlener Koriander
evtl. einige Korianderblättchen

1. Die Paprikaschote waschen, vierteln, entkernen und die Viertel quer halbieren. Die Zwiebel schälen und in Achtel schneiden. Die Zucchini waschen, putzen und quer in 8 Stücke schneiden. Die Tomate waschen, vierteln, entkernen, den Stielansatz entfernen. Die Viertel quer halbieren.

2. Das Gemüse in bunter Reihe auf 4 Schaschlikspieße stecken. Mit dem Öl einpinseln und mit Kräutersalz bestreuen. Die Spieße in einer beschichteten Pfanne rundherum braun braten oder im Elektrogrill grillen.

3. Für die Sauce den Sesam und die Kokosraspel in einer Pfanne ohne Fett anrösten, danach mit Limettensaft, Joghurt, Ahornsirup, Meersalz, Cayennepfeffer, Kurkuma und Koriander glatt verrühren.

4. Die Sauce eventuell mit zerpflückten Korianderblättchen bestreuen und zu den Spießen servieren.

Champignonrührei

Kohlenhydrat

Zubereitungszeit: ca. 20 Minuten
ca. 340 kcal je Portion

Zutaten für 1 Portion
150 g Champignons
1 Frühlingszwiebel
2 Eigelbe
3 EL Mineralwasser
etwas Salz
1 Msp. Butter oder ungehärtete Margarine
2 Scheiben Vollkorntoastbrot
3 Tomaten
1 EL Schnittlauchröllchen

1. Die Champignons und die Frühlingszwiebel kurz waschen, putzen und in Scheiben schneiden. Die Eigelbe mit dem Mineralwasser sowie mit etwas Salz verquirlen.

2. Die Butter oder die Margarine in einer beschichteten Pfanne erhitzen und Champignons sowie die Frühlingszwiebel darin kurz braten. Die Eimasse dazugeben und unter gelegentlichem Wenden bei milder Hitze stocken lassen.

3. Inzwischen die Toastscheiben rösten und auf einen Teller legen. Die Tomaten waschen, putzen und vierteln. Die Tomatenstückchen auf einen kleinen Teller legen und mit Salz und Schnittlauch bestreuen. Anschließend das Rührei vorsichtig auf die Toasts geben und rasch servieren, da das Brot sonst durchweicht.

INFO

Starke Nerven und ein denkfreudiges Gehirn – dafür sorgt der Nervenbotenstoff Cholin. Gönnen Sie sich daher auch als Vegetarier ab und zu ein Ei, denn in Eigelb ist er reichlich enthalten.

Gemüsesticks mit Dips

Kohlenhydrat

Zubereitungszeit: ca. 1/2 Stunde
ca. 420 kcal je Portion

Zutaten für 2 Portionen
Für die Sticks:
400 g verschiedene Gemüsesorten, wie Möhren, Staudensellerie, Salatgurke und Kohlrabi
3 Scheiben Vollkorntoastbrot
Für den Avocadodip:
1 reife Avoacado
1 kleine Tomate
1/2 Zwiebel
1/2 TL Kräutersalz
1/4 TL Cayennepfeffer
Für den Bananen-Curry-Dip:
1 reife Banane
1/2 Zwiebel
1/2 süßer Apfel
1 EL saure Sahne
2 EL Obstessig
1/2 TL mildes Currypulver
evtl. 1 TL Obstdicksaft oder Honig
1 EL Schnittlauchröllchen

Info

Pflegen Sie die Wände Ihrer Zellen! Curcumin, ein Inhaltsstoff von Curry, kann die Oxidation von Fetten verhindern. Und da die Zellwände viel fettähnliche Substanzen enthalten, hilft Curcumin diese Hülle intakt zu halten.

1. Das Gemüse waschen, putzen, eventuell schälen und in Stifte von etwa 5 cm Länge schneiden.

2. Für den Avocadodip die Avocado halbieren und den Kern herauslösen. Das Fruchtfleisch mit einem Teelöffel aus der Schale lösen und pürieren.

3. Die Tomate über Kreuz einritzen, enthäuten und den Stielansatz herausschneiden. Das Fruchtfleisch in kleine Würfel schneiden. Die Zwiebel schälen und fein hacken. Das Avocadopüree mit Tomatenwürfeln, Zwiebeln, Kräutersalz und Cayennepfeffer verrühren.

4. Für den Bananen-Curry-Dip die Banane schälen und mit einer Gabel zerdrücken. Die Zwiebel schälen und fein hacken. Den Apfel schälen, entkernen und fein reiben.

5. Die Banane mit Zwiebel, Apfel, saurer Sahne, Essig, Currypulver, Obstdicksaft und Schnittlauch verrühren.

6. Das Brot toasten und in Streifen schneiden. Die Dips zusammen mit den Gemüsestiften und den Toastbrotstreifen servieren.

Tomaten-Mozzarella-Spießchen

Neutral

Zubereitungszeit: ca. 15 Minuten
ca. 30 kcal je Stück

Zutaten für 8 Stück
8 Kirschtomaten
150 g Mozzarella
1 kleiner Bund Basilikum
1 1/2 EL kaltgepresstes Olivenöl
etwas Meersalz
8 kleine Holzspieße

1. Die Kirschtomaten waschen und trocken reiben. Den Käse in 8 gleich große Würfel schneiden. Die Basilikumzweige waschen, trocken schütteln und abzupfen.

2. Nacheinander auf jeden Spieß 1 Kirschtomate, 2 Basilikumblättchen und 1 Würfel Mozzarella stecken. Mit dem Olivenöl beträufeln und leicht salzen.

3. Die Spieße anrichten und mit Basilikumblättchen garnieren.

Gegrillte Paprikastreifen

Neutral

Zubereitungszeit: ca. 15 Minuten
Backzeit: ca. 20 Minuten
ca. 50 kcal je Stück

Zutaten für 12 Stück
3 kleine rote Paprikaschoten
3 EL kalt gepresstes Olivenöl
etwas Meersalz
1–2 Knoblauchzehen
1/2 Bund gehackte Petersilie

1. Die Paprikaschoten waschen, vierteln, putzen und entkernen. Die Schoten auf ein gefettetes Backblech legen, mit Olivenöl beträufeln und leicht salzen. Den Backofen auf 180 °C vorheizen.

2. Die Knoblauchzehen schälen, sehr fein hacken und auf den Paprikaschoten verteilen. Das Gemüse im Backofen auf der mittleren Schiene etwa 20 Minuten rösten.

3. Anschließend aus dem Ofen nehmen, abkühlen lassen und die dünne Haut von den Paprikaschoten vorsichtig abziehen. Mit gehackter Petersilie garnieren.

Pilzfladen aus dem Ofen

Kohlenhydrat

Zubereitungszeit: ca. 20 Minuten
Zeit zum Gehen: ca. 1 Stunde
Backzeit: ca. 25 Minuten
ca. 790 kcal je Portion

Zutaten für 2 Portion
250 g Weizenvollkornmehl
1/2 TL Meersalz
1/2 Würfel frische Hefe
4 EL kalt gepresstes Olivenöl
3 Knoblauchzehen
1/2 rote Zwiebel
300 g gemischte Pilze (Shiitake-, Stein- oder Austernpilze)
1 Prise Chilipulver
etwas Meersalz
1/2 TL neutrales Öl für das Blech
Mehl zum Ausrollen
1 EL Petersilie
1 EL Thymianblättchen
1 EL Majoran, gerebelt
100 g Mozzarella

1. Das Mehl in eine Schüssel sieben und mit dem Salz vermischen. In die Mitte eine Mulde drücken. Die Hefe hineinbröckeln. 1 Esslöffel Öl und 150 ml lauwarmes Wasser dazugeben und alles mit den Knethaken des Handrührgeräts zu einem glatten Teig verkneten. Diesen Teig zugedeckt etwa 30 Minuten an einem warmen Ort gehen lassen, bis sich sein Volumen verdoppelt hat.

2. Den Teig nochmals durchkneten und weitere 30 Minuten gehen lassen. Den Backofen auf 220 °C vorheizen.

3. Inzwischen für den Belag den Knoblauch und die Zwiebel schälen. Beides in feine Scheiben schneiden. Die Pilze mit Küchenkrepp säubern, putzen und ebenfalls in Scheiben schneiden.

4. In einer Pfanne 2 Esslöffel Öl erhitzen. Zwiebel, Knoblauch und Pilze darin unter Wenden anbraten. Mit Chilipulver und Salz würzen. Die Pilzmischung vom Herd nehmen.

5. Ein rundes Backblech (Ø 26 cm) dünn mit Öl bestreichen. Den gegangenen Teig kräftig durchkneten, auf einer bemehlten Arbeitsfläche rund ausrollen und auf das Blech legen. Mit den Händen gleichmäßig flach drücken, dabei den Rand etwas hochziehen.

6. Den Teig mit 1 Esslöffel Olivenöl bestreichen und die Pilzmischung darauf verteilen. Mit den Kräutern bestreuen. Den Mozzarella in Scheiben schneiden und den Fladen damit belegen. Im Ofen auf mittlerer Schiene etwa 25 Minuten backen.

Maiskolben mit Kräuterbutter

Neutral

Zubereitungszeit: ca. 35 Minuten
ca. 480 kcal je Portion

Zutaten für 2 Portionen
Für den Mais:
2 frische Maiskolben
etwas Jodsalz
Für die Butter:
40 g sehr weiche Butter
1 durchgepresste Knoblauchzehe
3 EL fein gehackte Kräuter (z. B. Petersilie, Dill, Kerbel, Majoran und Zitronenmelisse)
etwas Jodsalz

1. Die Maiskolben putzen, waschen, in eine Kasserolle legen, mit kochendem Salzwasser bedecken und zugedeckt etwa 1/4 Stunde köcheln lassen.

2. In der Zwischenzeit die Butter cremig rühren. Knoblauch und Kräuter darunter ziehen. Das Ganze mit Salz abschmecken.

3. Die Kolben abtropfen lassen, auf einer Platte anrichten und mit der Knoblauchbutter bestreichen.

Kartoffelsalat mit Frischkäsesauce

Kohlenhydrat

Zubereitungszeit: ca. 30 Minuten
Zeit zum Durchziehen: mindestens 1 Stunde
ca. 390 kcal je Portion

Zutaten für 2 Portionen
400 g kleine, fest kochende Kartoffeln
Salz
100 g Frischkäse (evtl. Ziegenfrischkäse)
6 EL Gemüsebrühe (aus Instantpulver)
2 Zwiebeln
8–9 feste Salatblätter (z.B. Eisberg-, Romana- oder Friséesalat)
2 rote Paprikaschoten
einige Basilikumblättchen
2 EL geschälte Kürbiskerne

1. Die Kartoffeln mit der Schale in leicht gesalzenem Wasser gar kochen.

2. Für die Salatsauce den Frischkäse mit der Brühe glatt rühren. Die Zwiebel schälen, fein hacken und zur Sauce geben.

3. Die Kartoffeln schälen, in Scheiben schneiden und mit der Sauce mischen. Den Kartoffelsalat mindestens 1 Stunde, besser noch über Nacht, im Kühlschrank durchziehen lassen.

4. Die Salatblätter waschen, abtropfen lassen und in Streifen schneiden. Die Paprikaschote waschen, vierteln, putzen, entkernen und würfeln. Die Basilikumblättchen waschen, trocken tupfen und in Streifen schneiden.

5. Erst kurz vor dem Verzehr die Salatstreifen und die Paprikawürfel unter die Kartoffelscheiben heben. Den Salat mit den Basilikumstreifen und den Kürbiskernen bestreuen.

Alphabetisches Rezeptregister

Rezeptregister nach Gruppenzugehörigkeit

Impressum

ISBN: 978-3-8094-2862-6

Umschlaggestaltung: Atelier Versen, Bad Aibling
Herstellung: Elke Cramer
Bildredaktion: Martina Fuchs
Projektleitung: Anja Halveland

Bildnachweis: Cover: Südwest Verlag/Michael Holz;
alle Rezeptfotos: Falken Verlag/TLC Foto-Studio, Velen-Ramsdorf; mit Ausnahme von: S. 37: Falken Verlag/Carsten Eichner; S. 67: Südwest Verlag/ Michael Holz. Weitere Fotos im Innenteil: Falken Verlag: 10 (TLC Foto-Studio, Velen-Ramsdorf); Foto Blum: 6, 95; Südwest Verlag: 15 li. (Michael Holz); 15 Mi., 15 re. (Karl Newedel)

Satz: Nadine Thiel | kreativsatz, Baldham
Druck und Verarbeitung: Mohn media Mohndruck GmbH, Gütersloh

Printed in Germany

MIX
Papier aus verantwortungsvollen Quellen
FSC® C011124

Verlagsgruppe Random House FSC-DEU-0100
Das für diesen Titel verwendete FSC®-zertifizierte Papier *Profisilk* wurde produziert von Sappi Alfeld.

817 2635 4453 6271

Ihr persönlicher Kontakt zu Ursula Summ

Liebe Leserinnen, liebe Leser,

täglich erreichen mich zahlreiche Briefe, E-Mails und Telefonate aus dem In- und Ausland, mit vielen Fragen zur Gewichtsabnahme und mit der Bitte, bei der Zusammenstellung von Essensplänen behilflich zu sein. Auch werde ich immer wieder aufgefordert, Seminare über Trennkost zu leiten.
Für Seminare fehlt mir leider die Zeit, doch ich freue mich, Ihnen mein 20-Stufen-Power-Programm vorstellen zu können. Während dieser Zeit lernen Sie Ihren Körper besser kennen und bauen daher Ihr Übergewicht logisch und gefühlvoll ab.

Folgendes Programm erwartet Sie:

- Ein komplett ausgearbeitetes Programm zur Gewichtsabnahme mit vielen, vielen Rezepten
- Einstiegswoche, Fortsetzungswoche, Powerplan
- Persönliche Fragebögen zur Selbsterkenntnis „Warum bin ich dick?“
- Motivation zur Gewichtsabnahme
- Vorschläge für die schnelle Küche
- Heißhunger auf Süßes: „Wie kann ich das bewältigen?“

Und, und, und …

Diese Ausarbeitungen sind sehr persönlich und haben den Umfang eines dicken Leitz-Ordners. Ihr Trennkost-Kurs endet automatisch nach 10 Monaten. Per Post erhalten Sie monatlich zum Sammeln jeweils 2 Folgen des Programms.
Nach Kursende stehe ich Ihnen gerne für weitere Fragen zur Verfügung. Außerdem können Sie Ihr erworbenes Wissen auch beruflich nutzen. Nach Abschluss des Fernlehrgangs erhalten Sie von mir ein Zertifikat, welches Sie berechtigt, eigenständig unter der Bezeichnung „Trennkost-Beraterin oder Berater“ Kurse anzubieten.

Ich würde mich freuen, Sie begrüßen zu dürfen.

Meine Adresse:

Trennkost Club
Ursula Summ

Buzon N° 356
Calle Patricio Ferrandiz 40
E-03700 Denia/Alicante
España

Schreiben Sie mir und fordern Sie mein kostenloses Informationsmaterial an.

Telefon: 00 34/96/6 42 11 20
Fax: 00 34/96/5 78 47 15
http: www.trennkost.de
E-Mail: summ@trennkost.de